POURQUOI TANT DE HAINE ?

118, avenue Achille-Peretti – CS 70024
92521 Neuilly-sur-Seine Cedex
www.michel-lafon.com

Amélie Neten

POURQUOI TANT DE HAINE ?

Michel
LAFON

À mon fils Hugo.
« Tout a changé le jour où je t'ai donné la vie. »

Introduction

Je suis une fille entière, trop entière. J'aime ou je n'aime pas, ça passe ou ça casse. Je suis une lionne, et comme toutes les personnes du signe du Lion, je vais spontanément vers les autres, je leur ouvre facilement mon cœur, je leur donne tout. C'est bien là le problème, je fais confiance trop vite. Malheureusement, j'ai remarqué que quand j'ai besoin d'aide, personne ne vient vers moi…

J'ai été tellement blessée par le regard de certains, leur méchanceté, leur désir de me faire mal en s'attaquant à ce qui m'est le plus cher. Je ne comprends pas comment, sur les réseaux sociaux, les gens peuvent être aussi cruels, pourquoi, planqués derrière leur ordinateur et sans même me connaître, ils m'insultent, me traînent dans la boue et me traitent de mère indigne, moi qui donnerais ma vie pour Hugo, mon fils. C'est pourquoi j'écris ce livre, tout d'abord pour raconter mon parcours dans le monde de la téléréalité, mais aussi pour régler mes comptes sur le papier. Si je le fais, ce n'est pas pour moi, j'ai assez de recul pour me moquer des horreurs que ces malades écrivent, non, c'est pour Hugo. La maman que je suis a été profondément blessée.

– 1 –

Secret Story, du rêve et des paillettes…

J'avais 24 ans quand j'ai participé à *Secret Story 4*, l'émission vedette de TF1. C'était le 9 juillet 2010 et le neuf va me poursuivre comme un chiffre magique puisque mon fils est né le 9 décembre 2011. Ces deux événements ont complètement bouleversé ma vie.

Les années précédentes, l'émission de téléréalité *Secret Story*, je la regardais à la maison. J'étais fascinée par la Voix, cette voix autoritaire qui pouvait rassurer mais aussi devenir très ferme, presque méchante. Cette voix, si je devais l'incarner, je la mettrais dans la bouche de mon papa, le papa que j'aurais voulu entendre me parler de cette façon. Le mien était bien différent. C'était un militaire de carrière qui, du fait de son métier, n'était pas souvent à la maison, un homme qui ne dévoilait pas ses sentiments et cachait ses émotions. Il n'avait rien à voir avec la Voix de *Secret Story*, qui était à la fois protectrice, affectueuse et autoritaire.

Avant cette première expérience, je n'avais jamais fait de télévision. La nuit, j'étais barmaid dans une boîte de nuit à Liège et, dans la journée, je travaillais comme vendeuse dans un magasin d'alimentation, toujours en Belgique, puisque je suis belge. Je commençais à 22 h 30 au night-club, j'y restais toute la nuit et j'enchaînais avec le magasin, de 6 heures du matin jusqu'à 15 heures l'après-midi. Ça ne me laissait pas beaucoup de temps pour dormir, mais je n'avais pas le choix, il fallait que je vive. Ce n'était pas facile, mais ce n'est pas pour autant que je rêvais de devenir une star de la télé, pas du tout ! Je me voyais plutôt travailler dans l'hôtellerie, et pourquoi pas, devenir sage-femme, car j'ai toujours aimé les enfants et je trouve ce métier absolument magnifique…

À cette époque, je venais de me séparer de mon copain qui n'avaient rien trouvé de mieux que de me cacher qu'il était non seulement déjà en couple mais qu'il avait des enfants. Il me mentait en m'affirmant qu'il était totalement libre, alors qu'en réalité il menait une double vie. Lorsque j'ai fini par apprendre la vérité, je l'ai immédiatement quitté. J'avais été prisonnière de mes sentiments, il était là, présent dans ma vie, me promettant la lune, et moi j'étais jeune et amoureuse. J'aurais dû savoir que ce garçon était un poison, cela a été dur de m'en défaire, mais ma décision était irrévocable. Impossible, c'était trop dur. Il m'a fait énormément souffrir… Je n'ai pas forcément bien vécu la rupture mais je ne l'ai pas regrettée.

Durant plusieurs mois, j'ai eu du mal à gérer l'intensité de ma vie professionnelle épuisante et ma rupture douloureuse, mais je tenais le coup, vaille que vaille et remontais la pente. En tout cas, une chose est sûre, je ne cherchais pas du tout à devenir célèbre grâce à la télévision. À vrai dire, ça ne m'a même jamais traversé l'esprit. Jamais je n'aurais envoyé une lettre pour participer à *Secret Story*. Si je n'avais pas été contactée sur Facebook, je n'y serais jamais allée.

C'est par ma messagerie privée que j'ai appris que l'on cherchait à me joindre pour participer au casting de *Secret Story*. Sur le moment, je n'y ai pas trop cru, des messages bidons, des arnaques, ce n'est pas ce qui manque sur Facebook. Et puis j'ai eu l'appel d'une fille d'Endemol, la célèbre maison de production. Elle m'a dit qu'elle avait vu ma photo et mon profil – elle ne m'a pas dit comment elle était tombée dessus – et qu'elle pensait que j'avais la personnalité qui correspondait à l'émission. Intriguée et parce qu'elle était très convaincante au téléphone, j'ai convenu avec elle d'un rendez-vous à Paris. J'ai reçu les billets de train et tout s'est enchaîné. Le jour J, j'avais tellement peur d'être en retard que j'ai débarqué à la gare du Nord avec quatre heures d'avance. Je suis restée trois heures à attendre devant mon Coca à la terrasse d'un *Hippopotamus*... À l'époque, *Secret Story* représentait pour moi le moyen de passer à une autre vie, de découvrir d'autres horizons que ceux de ma Belgique natale et puis, même si je n'avais aucune idée de ce qui allait se passer, on ne va pas se mentir, il y avait quand même 150 000 euros à la clé pour le gagnant, c'est une somme ! Quand je suis arrivée à Aubervilliers aux locaux d'Endemol pour le casting, on m'a installée dans une petite pièce où j'ai rempli un questionnaire sur ma personnalité, mes goûts, mes habitudes, puis on m'a fait attendre avant de venir me chercher. Curieusement, j'avais l'impression que derrière les vitres on m'observait, mais je n'en ai jamais eu la confirmation. Finalement, j'ai été reçue par deux femmes très gentilles, dont Aurore, qui par la suite est devenue la femme de Benjamin Castaldi, l'animateur. Elles m'ont placée devant un fond vert, m'ont dit de me présenter, puis, afin de vérifier mon niveau intellectuel ou ma répartie, l'une d'entre elles m'a demandé quel était le nom du soldat inconnu ! Ça m'a agacée et je leur ai aussitôt demandé si elles me prenaient pour une débile mentale. C'est n'est pas parce que j'ai arrêté tôt l'école ou que je n'ai pas fait d'études supérieures que je suis une demeurée ou une inculte ! Ça m'a tellement énervée que j'ai répondu du tac au tac : « Vous voulez jouer ? C'est donnant donnant, on va jouer ! Moi aussi, j'ai une question à vous poser : "C'est un coq qui grimpe sur une montagne et qui pond un œuf. De quel côté tombera l'œuf, à droite ou à gauche ?" » Je me moquais pas mal que ça soit filmé ou pas… Elles ont vite compris que j'avais du caractère et que je ne me laissais pas marcher sur les pieds. Je suis retournée en Belgique en me disant que je n'avais pas dû leur plaire, mais trois jours après, j'ai reçu un coup de fil : « Amélie, on te veut ! Il faut que tu reviennes au plus vite ! » A priori, ma répartie et mon côté « je démarre au quart de tour » avaient fait merveille.

Le principe de *Secret Story*, c'était que chaque candidat avait un secret que les autres devaient finir par découvrir. Toute l'émission était articulée autour de ces secrets qu'il fallait deviner. Le problème, c'est que je n'avais pas de secret personnel. Les filles de la production m'ont dit : « Ne t'inquiète pas, ce n'est pas grave, on va t'en trouver un ! » Je me demandais bien ce qu'elles allaient inventer, mais avant d'avoir des précisions sur mon fameux secret, elles ont ajouté : « Amélie, fais bien attention ! À partir de maintenant, nous aurons un code. Chaque fois que la production t'appelle et que tu décroches ton téléphone, si tu n'entends pas dès le début le mot "Noir", tu ne parles pas ! » Je ne comprenais pas pourquoi, mais j'ai vite réalisé que c'était une question de sécurité. Au cas où un paparazzi se serait fait passer pour quelqu'un de l'équipe, il ne fallait pas qu'il obtienne des infos qui se seraient retrouvées dans la presse people. Toute l'émission, comme son nom l'indique, était basée sur le secret, s'il n'y avait plus de secret, il n'y avait plus d'émission… Quand je me suis aperçue que la production prenait autant de précautions avec moi, là, j'ai pensé : c'est bon, ils me veulent vraiment !

J'ai six frères et sœurs, je devrais dire sept en fait, car l'un de mes frères est décédé à quatre mois de la mort subite du nourrisson. À l'exception de Jennifer, l'une de mes sœurs avec laquelle je suis particulièrement proche, je n'ai rien raconté à personne à la maison. Jennifer est la seule qui ait été au courant, je n'en ai pas parlé à ma mère et surtout pas à mon père, qui détestait la téléréalité. Pour autant, je n'avais pas peur de sa réaction car il ne m'aurait pas empêchée de participer à l'émission. Il fait confiance à ses enfants, les connaît, et il sait que je ne suis pas une imbécile. C'est pour cette raison que si je participe à ce jeu, il sait que je poursuis un but et que ça va aboutir à quelque chose. Pourquoi je me suis tue, dans ce cas ? Tout simplement pour éviter de longues discussions inutiles qui ne m'auraient pas fait changer d'avis !

Quand je suis arrivée pour la deuxième fois à Endemol, on m'a tout de suite précisé : « Puisque tu es célibataire, ton secret perso, ça sera que tu es un don juan au féminin… » J'ai pensé qu'ils avaient besoin d'un secret un peu pimenté et j'ai accepté sans me poser de questions. Je trouvais ça tellement improbable que je voyais mal comment quelqu'un pourrait croire à ça… Et puis j'étais si près du but… Après coup, je me dis que j'aurais pu demander un secret plus « mignon », plus drôle ou plus proche de moi, ça aurait peut-être évité à certains téléspectateurs de se faire une fausse image de moi. Je n'ai pourtant rien de commun avec un personnage de séductrice, ce n'est pas moi, ce n'est pas du tout mon tempérament. Bien sûr, quand on n'a pas de copain, on veut plaire aux autres, on se pomponne, on apprécie d'être regardée… Comme toutes les femmes, j'aime séduire, mais ce n'est pas pour cela que je joue sur le registre de la séduction vulgaire, ou que je suis tout le temps en mode sexy. Je n'ai pas réalisé sur le moment qu'accepter d'être une « don juan » pouvait me porter préjudice, mais c'est pourtant ce qui s'est passé par la suite. Sur le coup, je n'avais pas calculé que quand vous êtes en face de beaux parleurs, ils peuvent vous vendre du rêve et des paillettes en quelques mots. Mais il faut être réaliste : 150 000 euros, ça met du beurre dans les épinards… Et puis même si je ne gagnais pas, j'étais payée 500 euros par semaine quand j'étais enfermée dans la Maison des Secrets, et 300 par la suite. Alors, je n'ai pas hésité, j'ai lâché mes deux boulots. De toute façon, physiquement, je n'en pouvais plus, je travaillais la nuit, la journée je ne mangeais pas beaucoup, et il est arrivé ce qui devait arriver, j'ai fini par faire un malaise. Mon corps, épuisé, était en train de me lâcher, le jeu est arrivé au bon moment !

Nous avons enregistré deux portraits, le premier, à Endemol, était destiné au très beau générique de l'émission, l'autre, tourné chez moi en Belgique, me présentait. Le premier a été épouvantable.

À mon arrivée, après être passée dans la loge maquillage, je me suis installée devant un fond vert de façon que la production puisse par la suite rajouter le décor qui avait été finalement choisi. C'est comme dans les films d'action, les acteurs gesticulent devant un panneau vert et le réalisateur rajoute ensuite le décor. C'est la production qui avait choisi ma tenue : une combinaison rouge en latex genre extraterrestre. Un peu dans le style du clip de Britney Spears *Oops I Dit it Again* pour être raccord avec mon personnage de séductrice. J'étais censée être sur une planète et je devais regarder au loin.

Comme je ne pouvais pas venir sur le plateau avec mes affaires, j'avais laissé mes vêtements et mon sac dans la loge. Dès que l'enregistrement a été terminé, j'ai vu les filles de la production, celles qui m'avaient castée, venir vers moi avec mon téléphone perso dans leurs mains. Surprise, je leur ai demandé ce qu'il faisait là. Mais en même temps que je leur posais cette question, j'ai compris qu'elles avaient fouillé dans mon sac, pris mon téléphone et essayé de voir ce qu'il y avait dedans puisque, tout de suite, j'ai remarqué qu'il était bloqué ! J'ai appris qu'il y avait un candidat qui était en contact avec un paparazzi pour lui refiler des infos. Comme les filles ignoraient de quel candidat il s'agissait, elles voulaient savoir si c'était moi qui renseignais le paparazzi, elles ont donc voulu regarder mes messages, mais comme il était sécurisé, elles l'ont bloqué. Là, j'ai pété un plomb ! Je leur ai crié : « Quoi ? Vous avez fouillé dans mon sac, fouillé dans ma vie privée ? Mais c'est mon intimité, ça ne vous regarde pas ! » Elles étaient gênées et n'ont rien trouvé à répliquer. Je ne décolérais pas : « C'est vraiment abusé, ça ne se fait pas, je ne l'admets pas ! Ce jeu n'est pas pour moi, vous m'oubliez, je rentre en Belgique ! » Avant de tourner les talons et de partir comme une furie, j'ai ajouté en hurlant : « Allez vous faire foutre ! »

Si les filles m'avaient expliqué cette histoire de paparazzi, si elles m'avaient demandé de vérifier qu'il n'y avait rien de compromettant dans mon téléphone, il n'y aurait pas eu de problème. Mais non, rien du tout, elles avaient préféré fouiller dans mes affaires en cachette. J'étais folle de rage, j'ai tout envoyé promener et je suis partie sans demander mon reste. Je ne suis pas restée longtemps sans nouvelle. À peine étais-je installée dans le train du retour qu'elles m'ont appelée pour s'excuser : « S'il te plaît, Amélie, nous avons été très maladroites, nous sommes vraiment désolées… » J'ai senti qu'elles étaient sincères, mais je leur ai raccroché au nez. Elles m'ont rappelée mais, à nouveau, j'ai raccroché. Pour moi il était hors de question que je revienne sur ma décision après ça. Mais ensuite, j'ai eu Angela Lorente, la directrice des programmes de téléréalité de TF1. Elle s'est présentée, m'a dit que la production n'aurait jamais dû agir de cette manière et m'a demandé de me reposer avant de prendre une décision définitive et d'abandonner. Là, j'ai réalisé que quand même, Angela Lorente, la boss de TF1 en personne, ce n'est pas rien ! Alors, j'ai réfléchi… C'est vrai que sur un coup de tête, ou quand je suis en colère, je ne calcule pas, quel que soit l'enjeu ou mon intérêt, je peux tout lâcher. Tant pis si je perds tout, c'est plus fort que moi. Parfois, je m'en veux d'être aussi impulsive, aussi bouillante, c'est seulement après, quand je repense à ce qui vient de se passer, que parfois je regrette, mais c'est mon caractère. Je pourrais peut-être l'adoucir, mais quoi qu'on fasse, on reste ce qu'on est. À l'époque, j'étais très… volcanique, les seuls qui aient réussi à me changer, ce sont mon fils, bien sûr, et mon amoureux.

Il est difficile d'imaginer ce que représentait en 2010 pour une jeune fille de 24 ans, de participer, à *Secret Story*. Il y a sept ans, les émissions de téléréalité étaient bien moins nombreuses qu'aujourd'hui et la référence absolue, c'était ce jeu qui faisait un carton d'audience sur TF1, la chaîne du luxe et des grandes productions. À Liège, je ne savais pas que la quotidienne et le prime-time étaient suivis par plusieurs millions de téléspectateurs, jeunes et ménagères confondus, mais quand je regardais l'émission, j'avais des paillettes plein les yeux. C'était un univers à des années-lumière de ce que je vivais, de ma routine journalière. C'était si loin de moi que, comme je l'ai expliqué plus haut, je n'ai jamais cherché à m'inscrire pour passer le casting. Alors, quand le hasard a voulu que je sois contactée, j'ai d'abord eu du mal à réaliser, mais, peu à peu, j'ai commencé à m'y voir, à entendre la Voix qui m'appelait par mon prénom… C'était la promesse d'un dépaysement radical, la découverte d'un monde que je ne connaissais jusque-là qu'au travers d'un écran de télévision. À 24 ans, j'ignorais tout du dessous des cartes, je débordais d'enthousiasme en ne pensant qu'à une seule chose : j'allais vivre une aventure incroyable !

J'ai donc suivi le conseil d'Angela Lorente, j'ai repensé à tout ce qui s'était passé et, encore une fois, j'ai fait mes bagages direction Paris. Je me revois encore sur le quai de la gare du Nord avec ma valise, une valise rouge complètement pourrie que l'on m'avait donnée. J'étais totalement perdue et c'est avec soulagement que j'ai vu arriver une « nounou » envoyée par la production, qui venait me chercher. Elle m'a emmenée dans le quartier des Champs-Élysées, dans un hôtel près de l'Arc de triomphe, où je suis restée cinq jours. Une semaine avant le lancement de *Secret Story*, les candidats devaient rester complètement isolés. Je n'avais pas le droit d'utiliser mon téléphone, d'avoir des contacts extérieurs, de regarder la télévision, je devais même me laver en laissant la porte de la salle de bains entrouverte, car ma nounou devait pouvoir me surveiller en permanence. Je me suis demandé comment j'allais supporter toutes ces contraintes… Remarquez, ça mettait dans le bain de la perte d'intimité ! La production voulait que tout reste secret, que les futurs participants ne voient surtout pas les bandes-annonces qui commençaient à être diffusées sur TF1, qu'il n'y ait pas d'informations qui fuitent ou de tricheries. Comme ma nounou m'interdisait d'allumer la télé, je l'ai avertie : « Écoute, tu es bien gentille, mais je m'en fiche, du règlement. OK, ne mets pas TF1, mais mets-moi au moins un film, sinon je vais craquer ! Je ne tiendrai jamais. » Elle n'a pas voulu prendre de risques et a fini par céder : j'ai pu regarder un film. Évidemment, je m'ennuyais et les journées me semblaient incroyablement longues. Même quand je sortais me promener avec ma nounou, je devais marcher tête baissée pour ne pas risquer de rencontrer un autre candidat susceptible d'être dans un hôtel à côté. Comme il ne fallait pas non plus que je voie les affiches qui parlaient de l'émission sur les kiosques à journaux, je gardais les yeux au ras du sol et j'avançais comme une somnambule. Pour les passants ou les habitants du quartier, ce devait être assez drôle, pour peu qu'ils aient croisé plusieurs candidats durant cette semaine-là. Pendant cinq jours, le même rituel s'est répété : hôtel, repas, appel de la nounou au chef de la sécurité pour le prévenir que nous allions sortir et pour qu'il prenne toutes les précautions afin que je ne rencontre personne, promenade tête baissée, retour à l'hôtel, à nouveau repas et dodo.

C'était l'horreur ! Pourtant j'ai tenu bon, je n'ai pas changé d'avis. Hors de question d'avoir fait tout cela pour rien !

Le 9 juillet 2010 au matin, je me suis levée tôt parce qu'il fallait arriver de bonne heure au studio. Paradoxalement pour sa fonction, ma nounou était plus jeune que moi, elle était aussi très gentille. Elle était vite devenue ma copine, j'avais vraiment sympathisé avec elle, heureusement, parce que sans elle je ne sais pas comment j'aurais fait ! Ce jour-là, alors qu'on était toutes les deux descendues prendre le petit déjeuner, elle a eu un moment d'inattention et n'a pas remarqué que deux ou trois journaux traînaient sur la table. Moi, je les ai remarqués tout de suite et je n'en croyais pas mes yeux : sur l'un d'entre eux, il y avait ma tête en première page ! Aussitôt, j'ai détourné l'attention de ma nounou en lui disant : « Il ne fait vraiment pas chaud ici ! J'ai froid, tu ne veux pas me descendre le pull que j'ai oublié dans la chambre ?

– J'y vais vite, ne bouge surtout pas ! »

Elle est partie en courant et je me suis précipitée sur le magazine dans lequel j'ai lu : « *Grand lancement de* Secret Story *: Première tête dévoilée !* » C'était la mienne ! D'un coup, j'ai pris conscience de ce qui était sur le point de se passer. Jusque-là, je n'avais pas eu peur, même pas le trac, et là, toute la pression me tombait soudain dessus. C'est moi qui étais en couverture, à la une en plus, et juste sous ma photo, qui n'était clairement pas à mon avantage d'ailleurs, il était écrit : « *En 2 minutes 30, Amélie a mis toute la production dans sa poche !* » À cet instant précis, j'ai vraiment réalisé…

Je n'ai pas raconté à la nounou ce que je ressentais, et comme si tout était normal, nous avons fini de prendre le petit déjeuner. Nous sommes arrivées au studio à 9 h 30 du matin et, jusqu'à 21 heures, l'heure du prime, on m'a interdit de sortir de la loge. Ce n'était pas la peine de discuter, quoi que je dise, ça n'aurait servi à rien, ce n'était pas négociable. En fin de journée, on est venu me chercher pour me maquiller, me coiffer, m'habiller. Une fois que tous ces préparatifs ont été terminés, je me suis aperçue que j'allais devoir encore attendre. Jusque-là, je maîtrisais, j'étais juste un peu tendue, rien de méchant. C'est quand un assistant m'a lancé :

« Prépare-toi, Amélie, dans vingt minutes, c'est à toi ! » que j'ai vraiment paniqué. Je me trouvais au pied du mur et il n'y avait plus à tergiverser, il fallait y aller ! J'ai fait une crise d'angoisse et je lui ai crié : « Non, c'est impossible, je ne peux pas. Arrêtez tout, je veux absolument rentrer chez moi ! » Les filles de la production sont tout de suite arrivées et ont essayé de me calmer. Elles ont été adorables, ont ouvert une bouteille de champagne, empli une coupe et me l'ont tendue en me disant : « Bois ça cul sec, tu seras plus détendue, et après ça ira ! » Je n'ai pas hésité, j'ai descendu deux coupes et c'est vrai qu'après je me suis sentie plus légère… Je suis partie en direction du plateau et j'ai remarqué au loin une fille, une espèce de Simpson punk avec des cheveux rouges. En la voyant, je n'ai pas pu m'empêcher de penser : « Celle-là, c'est le genre à se lever tard et à ne pas faire grand-chose… », c'était peut-être un peu hâtif mais la suite a prouvé que je ne m'étais pas trompée… La fille s'est avancée vers moi et m'a dit : « Bonsoir, moi, c'est Charlotte… » J'ai répondu sur le même ton : « Bonsoir, moi, c'est Amélie… » C'est à ce moment que j'ai entendu la voix de Benjamin Castaldi qui était à l'antenne et qui nous présentait. Aussitôt après, le public s'est mis à crier et à applaudir.

Au signal, je suis entrée avec Charlotte dans le sas, une pièce étroite et très lumineuse, le passage obligé avant d'entrer dans la Maison des Secrets. Brusquement, la Voix a retenti : « Ici, la Voix. Charlotte, tu peux rentrer dans la Maison, Amélie, tu ne rentres pas ! » Comme vous pouvez l'imaginer, j'étais dégoûtée ! Tout ça pour ça ! Toute la scène était filmée en direct, mais ça n'avait pour moi aucune importance, je ne pensais qu'à une chose : c'était bien la peine qu'ils m'aient autant cassé les pieds pour participer, si c'était pour me refuser l'entrée de la Maison ! Dans ma tête, je les traitais de tous les noms, j'étais dans une colère folle, le tout en essayant de faire bonne figure. Un assistant m'a alors demandé de retourner dans ma loge. Il ne me l'a pas dit deux fois, j'ai tracé, suivie par le cameraman qui continuait de me filmer. J'étais tellement énervée que je lui ai crié : « Dégage ou je vais vraiment te faire bouffer ta caméra ! » Chassez le naturel, il revient au galop, mais à ma décharge, j'ignorais que les images continuaient à être diffusées en direct… Au moins le ton était donné. Je ne suis pas restée longtemps dans la loge, on est tout de suite venu me chercher et on m'a fait monter dans une voiture aux vitres teintées qui a aussitôt démarré et s'est mise à tourner autour du plateau, à la Plaine-Saint-Denis, près du Stade de France. À travers les vitres, j'ai aperçu l'acteur Jean-Pierre Castaldi, le papa de Benjamin. Il était appuyé à une rambarde comme si de rien n'était, et j'ai pensé : « Au moins, j'aurai vu une star, je ne serai pas venue pour rien ! » La voiture s'est arrêtée de tourner au bout de vingt minutes et on m'a bandé les yeux. Quelqu'un m'a prise par la main et m'a guidée à l'intérieur du bâtiment. Je ne savais pas où j'étais quand on m'a annoncé que j'allais intégrer la Pièce secrète. Je n'étais pas seule, j'étais avec trois autres candidats qui, tout comme moi, alors qu'ils devaient faire leur entrée dans la grande Maison avaient été éliminés à sa porte. Ce que j'ignorais, c'est ce qui s'était passé au début de l'émission… La Voix avait des complices, des candidats auxquels elle avait dit : « Ils seront quatre à ne pas entrer dans la grande Maison. À vous de décider lesquels… » C'est comme ça que je m'étais fait refouler si près du but. J'en étais là, quand, tout à coup, l'œil rouge clignote, annonçant que la Voix va parler. Je me fige et j'entends : « Si dans une semaine vous voulez pénétrer dans la grande Maison, vous devrez découvrir l'identité de ceux qui vous ont éliminés ! » Cette voix produisait toujours le même effet sur moi… C'est elle qui m'a fait prendre conscience que j'étais vraiment dans le jeu. Tout le monde se demandait qui incarnait cette voix, on essayait d'imaginer, mais ça ne menait à rien, il n'y avait aucun indice, et ce n'était pas Benjamin Castaldi qui allait nous en donner un. J'ai toujours eu de bons rapports avec lui, il est possible qu'à force de saisons il ait eu ses têtes – il a vu tellement de candidats passer qu'il devait être un peu blasé ! Mais, avec moi, les relations étaient bonnes. Je le considérais un peu comme un papa lui aussi, et c'est d'autant plus drôle qu'il ait fini par épouser Aurore, la directrice du casting que nous voyions comme notre maman dans le jeu.

Pour en revenir à la Voix, le mystère a été bien gardé et ce n'est qu'une semaine après ma sortie de la grande Maison que j'ai pu découvrir à qui elle appartenait. C'était celle de Dominique Duforest, un homme qui avait l'âge d'être mon père et qui avait fait une grande carrière à la radio et à la télévision. J'étais contente de le découvrir après trois mois passés en compagnie de *la* Voix, *sa* voix. C'est elle, donc lui, qui m'a permis de surmonter les moments difficiles, de m'accrocher à quelque chose pour ne pas perdre pied. C'était une voix neutre, mais très juste, et pour moi un réconfort car elle me rassurait. Je n'imaginais pas le « propriétaire » de la Voix de cette façon, mais je n'ai pas été déçue. Dominique correspondait tout à fait à ce qu'avait pu me dire la Voix pendant ces trois mois.

– 2 –

Une drôle de cage dorée !

Après cinq jours passés dans la « pièce secrète » à essayer de deviner qui avait bien pu m'éliminer, le 16 juillet, est arrivé le grand jour, celui où j'allais savoir si oui ou non j'avais une chance d'intégrer la Maison des Secrets. C'était également le jour de l'anniversaire de ma grande sœur… J'avais enfin découvert l'identité de celui qui m'avait désignée, quand la Voix a retenti pour m'annoncer qu'elle avait une bonne et une mauvaise nouvelles. La bonne, c'est que je ne m'étais pas trompée sur la personne, c'était bien Ahmed ; la mauvaise, c'est qu'il avait été exclu du jeu pour comportement inapproprié. En principe, une fois identifié,

Ahmed était obligé de sortir de la Maison et je devais prendre sa place, mais s'il n'était plus dans le jeu… J'étais dans le sas quand la Voix s'est une nouvelle fois mise à parler : « Félicitations, Amélie, tu peux intégrer la Maison des Secrets. » La joie qui m'a envahie ne m'a pas fait pour autant oublier – en même temps, jamais je n'aurais oublié cela – de souhaiter en direct un bon anniversaire à ma sœur, ce qui, m'a-t-elle dit, lui a fait très plaisir. Nous sommes très proches toutes les deux, et le fait de savoir que même à fond dans l'aventure je ne l'oubliais pas, que je pensais à elle, a un peu tempéré le fait que je ne sois pas auprès d'elle.

Ensuite, je me suis dirigée vers la Maison des Secrets, où les candidats m'ont accueillie. À la réflexion, si finalement j'ai pu y entrer, je pense que c'est grâce à mon caractère, je suis sûre que ça m'a aidée. La production savait que, quelles que soient les circonstances, j'allais réagir au quart de tour. Durant le casting, tous l'avaient déjà constaté et ils ont dû se frotter les mains en s'exclamant : « Celle-là, dans la Maison des Secrets, elle va envoyer la sauce ! »

Au moment où j'ai pénétré dans la Maison, j'ignorais combien de temps j'y resterais, ça aurait pu être une semaine, ça a été plus de trois mois, ce qui fait long quand on n'a aucun contact avec sa famille, surtout quand, comme pour moi, elle occupe une grande place dans votre vie. Pas question de téléphoner à mes parents ou à mes frères et sœurs, et quand j'étais autorisée à communiquer avec eux, c'était toujours via écran interposé et sous l'œil des caméras. L'isolement était vraiment total, nous étions coupés du monde. Il n'y avait aucun trucage, tout se déroulait réellement comme les gens le voyaient à la télévision. Cette année-là, *Secret Story* battait des records d'audience et toutes les précautions étaient prises pour que des fuites dans la presse ne dévoilent pas à l'avance les rebondissements, les secrets de chacun ou le nom du candidat qui était éliminé du jeu. Pourquoi ? Parce que si tel avait été le cas, il n'y aurait plus eu de suspense, l'audience aurait pu chuter, ce que TF1 voulait éviter à tout prix.

Dans la Maison des Secrets, les règles de vie en communauté pouvaient nous rendre la vie difficile. Heureusement que je viens d'une famille nombreuse ; je pense que cela m'a vraiment aidée à me faire à la vie dans cette drôle de colo pour adultes. C'était une maison de 700 m^2, avec jardin et piscine, reconstituée dans un hangar. Il y avait à l'intérieur de nombreuses pièces avec chacune sa spécificité, sa fonction : la salle des prédictions, la salle des interdits où un candidat pouvait être confronté à un ou plusieurs autres afin d'avouer quelles relations il entretenait avec eux ; la salle des règlements de comptes où il était possible de se défendre des accusations portées par les autres ; la salle des décisions où, comme son nom l'indique, on prenait des décisions importantes en commun, la gestion de l'argent, par exemple ; la salle des émotions, destinée aux retrouvailles avec des proches ou des amis. Il y avait bien d'autres pièces encore, dont le Confessionnal, qui était réservé aux moments de vérité, ceux pendant lesquels on ne cachait rien à la Voix et où on confiait tout ce qu'on avait sur le cœur, aussi bien les moments de cafard que ceux de colère ou de découragement. Dans le Confessionnal, un grand canapé en forme de nuage, placé devant un miroir, permettait au besoin de s'installer seul ou à plusieurs. Autre pièce symbolique : la Love capsule où ceux qui étaient en couple pouvaient se retrouver dans l'intimité et profiter du lit… Tout le décor était dans le style op art et complètement abstrait, ce qui donnait une impression de flashes lumineux, de mouvement, de vibrations. Ça faisait un drôle d'effet, comme une sensation de vertige. La production avait aménagé deux chambres communes : la rose pour les filles, la bleue pour les garçons. Les lits étaient positionnés côte à côte, ils se touchaient presque ; là encore, aucune intimité… Un peu comme un dortoir ! Tous les candidats devaient se charger du ménage et de la cuisine. Il y avait seulement une demi-heure d'eau chaude le matin par personne, pas de bouquins, de magazines (pour éviter qu'on s'isole des autres pour lire), pas de téléphone bien sûr, pas de télévision, pas de musique, sauf le matin pour nous réveiller et le soir avant de nous coucher. Nous n'avions pas non plus d'horloge, on ne savait jamais quelle heure il était, alors on essayait de se repérer à la position du soleil… les jours où il y en avait. Comme on n'avait rien à faire dans la journée, on discutait, on glandait, on suivait les instructions de la Voix qui nous donnait des missions ou des jeux à effectuer, on participait à l'émission quand c'était l'heure, de même pour le prime hebdomadaire. À part ça ? Il ne se passait rien, et pour cause : vous comprenez bien que dans ce cas, les esprits s'échauffent et on se sent vite poussé à bout, ce qui garantit un bon pic d'Audimat.

Quand je suis arrivée dans la Maison des Secrets, nous étions environ une vingtaine de candidats. Les autres étaient là depuis une semaine, ils avaient déjà pris des habitudes. Les amitiés s'étaient déjà formées. Il y en avait qui étaient intelligents, d'autres pas très malins, d'autres encore qui étaient des marrants. J'ai tout de suite compris que ça allait bien se passer avec certains et pas du tout avec d'autres, en particulier avec Shine car j'avais appris qu'elle disait du mal de moi derrière mon dos. Ce qu'il faut comprendre, c'est que tout est organisé pour que la tension monte et que les participants s'engueulent. Un jour, on va se disputer pour un bout de pain qui traîne ou que l'autre a mangé, le lendemain, c'est à cause du ménage, de la vaisselle qui s'empile dans l'évier, des casseroles sales. Comme il faut bien que quelqu'un le fasse et que c'est toujours la même ou le même qui s'y colle, ça explose. Il suffit d'un détail, d'une petite contrariété pour mettre le feu aux poudres. La plupart du temps, ce sont des choses sans importance, mais quand on est enfermé avec des inconnus, des gens qu'on n'a pas choisis et que l'on doit supporter alors que souvent on n'a aucun point commun avec eux, ça prend vite des proportions énormes. Tôt ou tard, ça finit par exploser, et c'est ce que la production souhaite. On n'est pas en mode Bisounours, les téléspectateurs ne sont pas devant leurs postes de télévision pour qu'il ne se passe rien, qu'ils voient les candidats se lever en disant : « Tout va bien, je vais bien ! » Il leur faut de l'action, du bruit, des disputes, il faut que ça bouge, que ça rigole, qu'il y ait de la baston. Plus c'est fort, meilleur c'est pour l'audience. Quand on participe à *Secret Story*, que l'on est payé en plus, on joue le jeu, ça fait partie du contrat en quelque sorte. Mais on n'a pas besoin de se forcer, d'en rajouter, l'enfermement, la promiscuité, l'oisiveté suffisent et, au fil du temps, la tension devient bien réelle, bien plus qu'on ne l'aurait imaginé au départ. Mais *Secret Story*, ce n'était pas non plus Koh-Lanta, on nous organisait des soirées, des animations. On ne nous laissait pas mourir de faim, on avait tout ce que l'on voulait, enfin presque, ce qui ne m'a pas empêchée de perdre huit kilos en trois mois… Et contrairement à ce qu'on pourrait penser, il n'y avait pas d'alcool, bien sûr ! Pour certains, ce n'était vraiment pas facile, ils auraient donné n'importe quoi pour une bière ou un mojito ! En ce qui concerne les cigarettes, ceux qui fumaient se cachaient, sinon il y avait un fumoir, mais une seule personne à la fois pouvait y aller et celles qui faisaient la queue en attendant leur tour risquaient d'attendre longtemps. Moi, ça ne me dérangeait pas, je ne fume pas ! En revanche, ce dont je rêvais, c'était de me retrouver au MacDo, j'aurais payé un million pour un Big Mac… J'ai fini pourtant par l'avoir, mon MacDo, mais servi froid…

À l'intérieur de la Maison des Secrets, ce que j'avais le plus de mal à supporter, c'était la saleté ! Moi qui suis un peu une obsédée du rangement et du ménage, j'étais toujours en train de nettoyer et, quand je ne rangeais pas, je préparais les repas. La vaisselle traînait partout et ça me rendait dingue. Je disais aux autres candidats : « Mais comment vous faites chez vous ? Vous laissez les bols du petit déjeuner par terre ? Vous ne pouvez pas les ramasser, les laver et les mettre sur l'égouttoir ? Vous avez toujours quelqu'un derrière vous pour le faire à votre place ? » Quand je voyais le sac poubelle qui débordait, les ordures qui tombaient sur le sol et que personne ne se levait pour fermer le sac et le déposer dehors, je devenais hystérique. Ce n'est quand même pas compliqué de ranger un bol ou de vider la poubelle, mais apparemment ça l'était, puisque personne ne le faisait. Ils préféraient tous rester dans la crasse ! De vrais ados. C'était la cause principale de mes disputes avec les habitants, et il n'y avait pas que les garçons qui salissaient, les filles aussi. Chez moi, quand j'étais petite, chaque enfant avait un rôle : un jour, c'était l'un de nous qui devait balayer, le lendemain, c'était une autre tâche, on savait qu'il fallait ranger. Nous étions déjà responsabilisés et conscients de ce que chacun de nous pouvait faire pour le bon fonctionnement de la maison. Même mon fils de 5 ans le sait : quand il a fini de jouer, il range de lui-même parce que je lui ai appris que l'on ne vit pas dans le désordre. Pour moi, c'est une question fondamentale d'éducation. Et si vous avez regardé *Secret*, vous comprenez donc bien que ce qui me manquait, c'était la propreté, ma maison en ordre et bien rangée, son côté zen.

Oui, j'en étais arrivée à un point où la vue d'un bol abandonné pouvait me rendre hystérique… un peu comme une mère de famille nombreuse qui d'un coup se met à hurler parce qu'elle n'en peut plus de repasser derrière ses enfants, qui semblent prendre un malin plaisir à la faire enrager.

Le candidat qui m'était le plus proche, c'était Benoît, j'étais très souvent avec lui et on a piqué de gros fous rires ensemble. J'aimais beaucoup aussi Anne-Krystel, la Québécoise. Quand je me suis rapprochée de Senna, l'un des participants, et que nous avons commencé à sortir ensemble ça a un peu changé la donne… Il y avait de l'amourette dans l'air. Sincèrement, après toutes ces années, je ne sais toujours pas bien comment c'est arrivé. Senna était un beau et grand métis athlétique. Moi qui n'aime que les blonds, il n'était pas du tout mon style, et pourtant il m'a plu. Quelque chose en lui me « parlait ». Comment nous nous sommes retrouvés ensemble ? Ça reste encore une énigme pour moi, peut-être à cause de l'enfermement, de l'enjeu, l'impression d'être dans un monde à part. Le besoin d'appui, de tendresse ? Oui, je suis sûre que tout ça a compté, parce que dans la vraie vie, il n'y aurait eu aucune chance pour que nos routes se croisent et que je me retrouve avec lui. D'ailleurs, même à l'intérieur de la Maison, ce n'était pas gagné d'avance, puisqu'au départ il avait jeté son dévolu sur une autre fille du jeu. En direct, il avait même dit qu'avec moi, c'était juste pour une nuit, et qu'avec l'autre, c'était pour la vie. Bien sûr c'était de la provocation et de l'humour, mais pour le romantisme on repassera. Pourtant, quelque temps après, lorsque la fille en question a préféré quitter le jeu parce qu'elle ne supportait pas l'isolement, nous nous sommes rapprochés de plus en plus, Senna et moi. De plus en plus nous aimions discuter, plaisanter tous les deux, être plus tactiles. Au point qu'il a fini par s'excuser pour ses propos peu élégants et que la magie de l'émission, ce côté hors du monde, a fait le reste. Évidemment, le couple que nous formions était très médiatisé…

Dans la Maison, les caméras tournaient en permanence. J'ai entendu qu'il y en avait soixante-dix réparties un peu partout ainsi qu'une cinquantaine de micros. On ne voyait pas plus les caméras que les techniciens, car elles étaient souvent dissimulées derrière des miroirs sans tain, mais vingt-quatre heures sur vingt-quatre, elles enregistraient tout ce que nous disions et le moindre de nos faits et gestes. Nous avions repéré qu'il y avait des angles morts où nous pouvions leur échapper, mais il faut dire que, curieusement, on oublie assez vite qu'on est filmé et encore plus que les images sont diffusées tous les soirs aux téléspectateurs. Je ne savais pas que j'apparaissais dans toutes les quotidiennes, que mes coups de gueule étaient retransmis systématiquement parce que c'étaient des moments forts de *Secret Story*. Tout cela, je ne l'ai appris qu'après ma sortie. Je ne peux pas dire que l'image qui avait été donnée de moi, celle de la nana qui explose pour un oui ou pour un non, m'a dérangée. Ce n'était pas moi, bien sûr, ou en tout cas, je n'étais pas que cela, mais ça faisait partie du jeu. Six ans plus tard, je suis toujours là, je n'en suis pas morte, et même si certains sont particulièrement durs avec moi, j'ai gagné énormément grâce à *Secret*. Ma vie a changé du tout au tout et je ne peux que remercier l'émission, la production et Benjamin qui, ne l'oublions pas, a été le présentateur historique, il est pour beaucoup dans la popularité du programme, et je considère que c'est une chance d'avoir participé aux beaux jours de l'émission grâce à son talent et son professionnalisme…

Pour en revenir au jeu lui-même, quand on vit à l'intérieur de la maison, au bout d'un certain temps, tout devient plus confus et on finit par croire qu'on évolue dans le monde réel et non dans un jeu où tout ou presque est fictif. Ce décalage arrive rapidement, au moment où on finit par ne plus savoir à quoi ressemble une voiture et où on découvre qu'en fait on se passe très bien du téléphone. Bien sûr, j'aurais aimé appeler ma famille, mais puisque ce n'était pas possible, je faisais avec, je zappais. Non seulement je gardais à l'esprit que c'était pour une durée déterminée, mais je crois aussi que le cerveau finit par intégrer les interdits et qu'on ne ressent plus certains désirs quand ils ne sont pas réalisables. On apprend à les réprimer, à s'autocensurer. En revanche, je rêvais de prendre un bain chaud, de me poser tranquillement toute seule et de regarder un film, ce qui, vu le règlement, était impossible mais ne m'empêchait pas de rêver…

À un moment, on s'ennuyait tous tellement que pour trouver le temps moins long, on a fabriqué un jeu de cartes avec du papier alu. La production a surgi de nulle part et nous l'a confisqué. Effectivement, ça ne doit pas être passionnant pour le téléspectateur de nous voir de dos à une table en train de jouer à la belote ! Mieux valait nous fournir des activités plus télégéniques ! Au début, c'était dur et je me demandais bien comment j'allais occuper mes journées. Certains participants faisaient un peu de sport, du vélo ou des exercices sur les tapis, on se baignait dans la piscine quand le temps le permettait, une piscine installée dans un faux jardin. Je précise qu'il était faux, car toutes les plantes étaient en plastique. (Si au début, comme tout le monde, je m'étais extasiée devant la maison, sa déco, son ambiance digne d'une série américaine, à la longue, je ne supportais plus tout ce plastique)… C'était sympa de pouvoir se baigner, mais il fallait qu'il fasse beau et ça n'a pas toujours été le cas, loin de là. Dans la mesure où je suis sortie presque à la fin du jeu, j'ai vécu un automne entier dans la Maison. Quand j'ai vu la lumière changer, les premières feuilles tomber des arbres à l'extérieur, j'ai pensé : « Déjà ? Ça promet ! » Condamnée à rester à la Maison ou au mieux dans le jardin, j'avais parfois l'impression d'être un peu en prison, une prison de luxe d'accord, mais dont on n'a pas la clef. Cela dit, ce qui aidait à faire oublier ces petits moments de claustrophobie passagère, c'est que je gardais conscience dans un coin de ma tête que ça n'était qu'un jeu que je pouvais quitter quand je voulais. D'ailleurs, si ça devenait vraiment trop insupportable, on avait tous la possibilité de dire : « Stop, je n'en peux plus, je sors ! » Après quelques semaines, quand je me suis aperçue que je finissais par péter un plomb pour des riens, j'ai plusieurs fois été tentée d'arrêter. La production, bien sûr, a tout fait pour m'en dissuader, ce n'était pas dans son intérêt que les participants s'en aillent, surtout ceux qui assuraient le show !

L'élimination hebdomadaire d'un candidat sur les *prime-time*, c'était un grand moment d'angoisse. Chacun se demandait si c'était son tour, qui allait être obligé de rassembler ses affaires, d'oublier définitivement ses illusions, ainsi que le chèque décerné au gagnant. L'élimination dépendait de deux choses : le vote du public par téléphone et le passage au confessionnal où chaque candidat désignait celui ou celle qui devait quitter le jeu. Comme je ne suis pas idiote, j'ai fini par me dire que les votes ne faisaient pas tout, que je représentais un plus pour l'émission et que la production n'allait pas me lâcher comme ça. Il me semblait difficile qu'elle fasse l'impasse sur ce que j'apportais. Ça me paraissait même impossible, et je pense que si j'étais sortie, les producteurs et tous ceux qui travaillaient sur l'émission auraient été plus embêtés que moi. On a beau se persuader, se convaincre que l'on passera au travers, ça n'empêche pas le stress…

Quand, à l'intérieur de la Maison, le nombre des candidats se réduit à dix, puis à neuf… la tension monte chaque semaine d'un cran. On a l'impression que le temps n'avance plus, que l'on tourne en rond. On devient si tendu que l'on ne se supporte plus les uns les autres, on part au quart de tour, la moindre discussion s'envenime, en clair : tu ne peux plus voir ton voisin en peinture ! Ses petits défauts ou tics que tu trouvais drôles ou mignons en début de jeu ? Tu ne les supportes plus et ils te rendent fou. Tu sais qu'il ne t'a rien fait, il suffit de réfléchir deux minutes pour t'en persuader, mais c'est plus fort que toi, tu n'arrives plus à te raisonner. L'époque où, en débutant la soirée, on se disait : « Je vais bien rigoler avec celui-là ! », c'est fini. Parfois, le soir, on essayait pourtant de jouer ensemble, de partager certains bons moments du début et puis, au bout de dix minutes, le charme était rompu, on arrêtait le jeu et chacun partait de son côté. Je crois qu'au bout de trois mois, nous étions tous à bout.

Le jour où j'ai vraiment pété les plombs, c'est quand j'ai été séparée pendant une semaine de Senna, mon compagnon. J'ai été reléguée dans une pièce secrète d'où je ne pouvais le voir, comme les autres concurrents, qu'au travers d'une porte vitrée. J'avais remarqué qu'une fille lui tournait autour, qu'elle essayait sans arrêt d'être avec lui. Ce que j'ignorais, c'est que cette Stéphanie était l'une de ses ex. Comme chaque participant au jeu, elle possédait un secret que les autres devaient deviner. Elle, son secret c'était qu'elle avait eu auparavant une relation avec Senna, et sa mission était de tenter par tous les moyens un rapprochement avec lui. La regarder rôder autour, lui faire du charme, me rendait folle. Je ne sais pas vraiment si j'étais hors de moi parce que j'étais jalouse. À ce stade, en termes de sentiments, j'étais dans un monde parallèle où je ne différenciais plus ce qui était réel de ce qui ne l'était pas. Tout se mélangeait, c'était la pagaille dans ma tête. Tout était décuplé, exacerbé, les joies, les peines, l'amour, la colère. Tout était si… intense. Peut-être parce que le manque de ma famille commençait sérieusement à se faire sentir, parce que j'avais un profond besoin de retourner dans la vraie vie. Mon cerveau m'envoyait sans doute un message : « Stop, tu es à bout, tu arrives à saturation ! »

Complètement hors de moi, j'ai crié à Stéphanie : « Tu as de la chance que la porte nous sépare, sinon… » Aussitôt, je me suis ruée sur la porte vitrée pour la défoncer. À ce moment, un voyant rouge s'est allumé dans ma tête. Je me revois me dire que ça allait trop loin, que la production jouait avec mes nerfs, mais j'étais lancée, je n'arrivais pas à me calmer, j'étais comme possédée… La Voix est alors intervenue avec autorité : « Amélie, arrête ça ! Viens immédiatement, je t'attends au Confessionnal, dépêche-toi ! » J'ai été à confesse et tout s'est calmé d'un coup. C'était le principe de la Voix, autant elle pouvait avoir un fou rire avec nous, autant elle pouvait en quelques mots nous remettre sur le droit chemin. Dans un moment pareil, j'avais complètement oublié que j'étais filmée, je me croyais dans une autre dimension, dans une autre forme de réalité. Eh oui, *Secret Story*, c'est de la téléréalité... Une réalité pour les candidats, un spectacle sur mesure pour les téléspectateurs... Pas simple.

Quand on vit de tels moments de tension, le moral en prend un coup. Physiquement aussi, on accuse le coup. Pendant trois mois, on vit avec des lumières artificielles qui restent allumées presque vingt-quatre heures sur vingt-quatre. Le seul moment où elles s'éteignent, c'est quand on dort. Quand je suis sortie de la Maison, j'étais livide, j'avais le teint tout gris ! Dans cet univers factice, il n'y avait que le ciel et le soleil (quand il voulait bien se montrer) qui étaient vrais. Quand le ciel était gris, ça devenait franchement déprimant. Ces jours-là, j'ai eu pas mal de coups de cafard et j'ai beaucoup pleuré. En réalité, j'étais très souvent au bord des larmes... Quand ça arrivait, la Voix m'appelait et me demandait de venir à confesse, ça me soulageait… un peu. La seule chose qui me tenait, c'était de me répéter : « C'est toi qui l'as voulu, tu as décidé de participer à ce jeu, si vraiment tu n'en peux plus, tu arrêtes ! Personne ne t'a forcée. »

Le problème d'être « en couple » dans ce genre d'émission, c'est que quand tu te prends la tête avec lui, quand tu te disputes très fort et que tu ne peux plus le voir en peinture, tu ne peux pas claquer la porte pour changer d'air, il faut continuer à le supporter. Comme nous ne formions pas un couple normal d'amoureux, on se chicanait, s'affrontait très souvent et on finissait toujours par se retrouver face à face, ce qui n'arrangeait pas les choses. Super énervé, Senna a même été un jour jusqu'à balancer une assiette sur le sol, qui s'est brisée en mille morceaux. Dans la vie réelle, quand il y a des moments de tension dans un couple, l'un des deux peut se dire : « Je ne réponds pas ! À quoi ça servirait, je ne vais pas m'énerver pour si peu… » Dans *Secret Story*, c'est impossible. On ne peut pas se mettre à distance, s'éloigner de l'autre, alors on craque. Toute cette mise en condition de la production, c'était du beau travail, rien n'était improvisé. Dans *Secret Story*, l'isolement complet qui est imposé aux participants n'est pas un hasard, il y a une raison à tout. En fait, à part les candidats, on ne voit personne, pas même les gens de la production. Quand ils ont besoin de nous parler, ça se passe par micros interposés. En définitive, nous finissons tous par vivre en vase clos en oubliant progressivement que ce n'est pas « pour de vrai ». Je n'ai pas échappé à la règle !

– 3 –

Il était une fois…

La seule fois où j'ai eu un contact direct avec une autre personne que les habitants, c'est quand Benjamin Castaldi est entré dans la Maison pour me féliciter de mon mariage… Oui, je me suis mariée avec Senna ! Comme nous étions les seuls à être en couple, la seule histoire d'amour, et que nos disputes et nos réconciliations tenaient les téléspectateurs en haleine, la production a eu cette grande idée. Pour arriver à ce que je donne mon accord, comme je l'ai raconté précédemment, elle m'a d'abord séparée de Senna. Plusieurs fois, on m'a questionnée à ce sujet : « Alors, il te manque ?

– Oui, bien sûr, puisque c'est mon fiancé ! »

Tout a donc été arrangé pour que Senna me demande en mariage comme il l'aurait fait dans la vraie vie. Comme je l'ai déjà raconté, l'enfermement me mettait les nerfs à vif. Chaque fois que l'émotion me submergeait, je ne pouvais pas me retenir et je pleurais à chaudes larmes. C'est à nouveau ce qui s'est passé pendant la demande de Senna. Même si j'étais bien placée pour savoir que ce n'était pas un vrai mariage, j'étais à fleur de peau et quand Senna s'est penché vers moi pour me faire sa déclaration, j'ai éclaté en sanglots. Il a mis un genou à terre, m'a regardée droit dans les yeux, et il a ajouté : « Est-ce que tu veux devenir ma femme ? » J'ai répondu : « Oui ! Je t'aime ! » Tout de suite après, la Voix a retenti : « Ici, la Voix. À tous les habitants, Senna vient de demander la main d'Amélie. Je vous informe que la cérémonie aura lieu vendredi prochain, le 10 septembre. Vous pouvez tous les rejoindre dans le jardin pour féliciter les fiancés. »

Là, je suis restée muette, saisie par cette annonce. Ça n'était pas prévu au programme et j'ai été prise de court. J'ai à peine eu le temps de balbutier : « Pardon ? » que Senna m'a murmuré à l'oreille : « Souris ! On est en direct ! » Alors, j'ai souri en montrant mes dents… Mais ça, c'était pour la galerie, pour le public, les téléspectateurs ; à l'intérieur de moi, ça bouillait et je me répétais : « Ça ne va pas la tête, pas question de me marier ! » Dès que le prime a été terminé, je suis allée à confesse. Je leur ai dit et répété : « Hors de question, je ne me marie pas ! » La production a compris que ma décision était arrêtée et que je ne changerais pas facilement d'avis, alors elle a négocié : « Tu te maries avec Senna et on t'accorde quelque chose qui te manque particulièrement depuis le début de l'aventure… » Le téléphone ? je m'en étais passée. Ma famille ? Je savais que je la verrais bientôt. Non, ce qui me manquait vraiment, ça peut être fou, mais c'était l'eau chaude à volonté. À part la douche du matin, on était tous condamnés à n'avoir que de l'eau froide, aussi je leur ai proposé ce marché un peu difficile à croire : oui à la cérémonie, mais pour des douches chaudes sans limite de temps !

Chez moi, je me lave matin et soir, c'est une question de propreté. Dans la Maison des Secrets, je n'avais de l'eau chaude qu'une demi-heure le matin. Avant de me coucher, je me lavais à l'eau froide. Si ce n'est pas mortel, c'est vraiment désagréable. Avec le temps, ça devient une obsession. Bien sûr, si on n'est pas dans la Maison, accepter de se marier contre de l'eau chaude, c'est totalement absurde, mais il y avait une autre raison qui m'a poussée à accepter : si tu ne joues pas le jeu, si tu t'opposes aux décisions de la production, en contrecarrant ses plans tu risques d'être mis sur la touche et d'être écarté ou moins présent à l'image. Et qui dit moins présent dit un risque d'être éliminé aux votes le prime suivant. Pire, on peut trouver un truc ou une astuce pour que tu sois nominée. C'est pourquoi, même si je tenais à avoir de l'eau chaude, c'est surtout pour cette dernière raison que j'ai accepté leur proposition de mariage. Et après tout, ce n'était pas un mariage devant Monsieur le maire !

Toute la semaine qui a suivi mon accord a été consacrée aux préparatifs : le choix des alliances, de ma robe de mariée, de ma coiffure, du costume que porterait Senna, du gâteau, de la composition de mon bouquet. Pour la production, c'était le jackpot, les audiences étaient assurées…

Le grand jour, sur la musique de la marche nuptiale, j'ai fait mon apparition au bras de mon père, qui avait accepté de m'accompagner et de donner le change. J'ignore comment la production, qui l'avait appelé en secret, l'a convaincu, mais je le connais : quand il donne sa parole, il ne revient pas en arrière. Je suis sûre d'une chose : mon père a accepté cette proposition dans mon intérêt, parce qu'il pensait qu'en participant à *Secret Story*, j'avais un but précis et qu'il devait m'aider. Et il faut avouer qu'il est prêt à tout pour ses enfants : alors il n'a pas fait les choses à moitié, lui aussi a joué son rôle à la perfection, il été était très beau, très élégant dans son costume sombre ! Et comme toujours quand il fait quelque chose, il l'a bien fait !

À voir son émotion, je pense qu'il a vu cette cérémonie comme une répétition d'un vrai mariage de sa petite fille.

Je n'avais pas de voile, mais une robe bustier, blanche bien sûr, très ajustée jusqu'à la taille, avec des lacets dans le dos et des volants en tulle qui descendaient tout le long de la jupe. La robe était belle, mais trop frou-frou à mon goût, pas le genre de robe que je choisirais si je me mariais demain. J'étais coiffée avec un chignon, et des mèches blondes et bouclées tombaient sur mes épaules dénudées. Je portais un grand bouquet de roses blanches et roses dans les mains. Senna était en costume ivoire, cravate et chemise blanches, il avait également une rose de la même couleur à la boutonnière. Tout comme moi, il affichait un grand sourire et nous semblions nager dans le bonheur. Les téléspectateurs devaient vraiment avoir l'impression d'assister à un grand mariage, surtout quand, solennellement, nous nous sommes installés face à Laurent Lenne, le prêtre anglican qui avait déjà participé à la saison 2 de *Secret Story*. Le prêtre a demandé à mon père de venir et a annoncé : « Christian, vous êtes le papa d'Amélie et vous avez quelques mots à dire à nos deux tourtereaux ! » Mon père a prononcé un petit discours digne et plein d'émotion, il a souhaité la bienvenue à Senna dans notre famille et nous a promis tout le bonheur du monde… À ce moment-là, j'ai fait la connaissance de la mère de Senna, donc de ma belle-mère, qui nous a assuré, que nous serions très heureux. Benoît a lu ses vœux, suivi de Anne-Krystel et de Stéphanie. Après, a eu lieu la cérémonie… plus vraie que nature.

Le prêtre a commencé en proclamant : « Si l'un d'entre vous connaît une raison valable qui s'oppose à leur union, qu'il parle maintenant ou se taise à jamais… » Puis, il nous a demandé de lire un petit texte qu'il avait préparé pour chacun. Pour Senna, ça se résumait à : « Amélie depuis notre rencontre, tu m'as réappris à aimer. J'espère que ça durera toujours. Mon souhait le plus cher est que tu restes à mon côté pour que je fasse de toi la femme la plus heureuse. » Moi, je devais dire : « Mon amour, enfin, le plus beau jour de ma vie est arrivé ! » Là, je n'ai pas pu m'empêcher de glisser : « Bien sûr, puisque c'est notre mariage ! » Puis j'ai continué : « Merci, Senna, de m'avoir acceptée avec mon caractère volcanique. Chaque instant passé à ton côté est magique. Tu es mon apollon, mon sucre d'orge, mais surtout l'homme de ma vie… »

Si j'avais écrit moi-même un texte, je n'aurais certainement pas comparé Senna à un apollon ou à un sucre d'orge ! C'était tellement énorme que j'ai dû vraiment prendre sur moi pour ne pas éclater de rire. Senna, un sucre d'orge, il fallait oser !

Le prêtre a continué de parler en retardant le moment fatidique, comme s'il voulait faire durer le plaisir ou maintenir le suspense pour les téléspectateurs. Il s'est ensuite adressé à chacun de nous : « Voulez-vous vivre dans l'amour, voulez-vous l'aimer, le (la) soutenir, le (la) respecter et le (la) garder, en bonne santé comme dans la maladie ? En renonçant à tout(e) autre, souhaitez-vous rester fidèle tout le temps que vous vivrez ? » Nous avons répondu tous les deux : « Oui, je le veux » et nous avons échangé les alliances. Alors, le prêtre a prononcé la formule rituelle en la modifiant un peu : « Je vous déclare unis par les liens de l'amour ! » avant de nous inviter à nous embrasser. Derrière nous, le mot « Love » s'est mis à s'embraser et à clignoter de tous ses feux. Tout le monde applaudissait et, quand j'ai lancé mon bouquet en l'air, ceux qui restaient encore dans le jeu – ils étaient cinq – se sont précipités pour l'attraper. C'est Benoît qui a sauté plus haut que les autres et qui l'a empoigné. Il le voulait vraiment, il l'a eu ! Ma famille était toute proche, réunie dans une sorte de nacelle et observait la fête, mais je n'avais pas le droit de l'approcher. Mon père, lui, se taisait…

De retour à l'intérieur de la Maison, nous avons découvert un gâteau blanc de cinq étages disposé sur une table. Nous l'avons découpé, Senna et moi, en unissant nos mains. Deux DJ étaient aux platines et nous avons dansé. Sous les rires, Senna, les yeux bandés, m'a retiré ma jarretière…

Du début à la fin de la retransmission du mariage, nous avons assuré que c'était le plus beau jour de notre vie, Senna m'appelait « ma petite femme » et moi je parlais de lui en disant « mon mari ». Difficile de faire plus vrai. Et pourtant…

Tout avait été organisé par la production pour que la cérémonie soit parfaitement crédible… alors que ce n'était qu'une mise en scène ! Ni Senna ni moi n'avons jamais rien signé, c'était un faux mariage, un mariage pour rire. Un mariage comme quand on joue enfant. Une part de soi y croit, l'émotion du moment est réelle, même si on sait que c'est un rôle. Nous n'avons pas eu besoin de divorcer puisque nous n'avons jamais été unis officiellement. J'ai joué le jeu d'autant plus que sur le coup, prise par l'ambiance, je croyais être amoureuse de Senna. En fin de compte, je ne l'étais pas du tout ! D'ailleurs, c'était assez révélateur que je ne me souvienne même plus du premier baiser que j'ai échangé avec lui. Peut-être qu'au fond de moi j'avais besoin d'être proche de quelqu'un à l'intérieur de cette bulle, de me sentir protégée.

Une fois sortie de la Maison, j'ai passé en revue tout ce qui était arrivé, ma relation avec Senna, la cérémonie, et tout s'est remis directement en place. J'avais vécu une illusion et, à nouveau, j'étais dans le monde réel, cette histoire était terminée. Pourtant, je suis restée avec lui toute la durée du jeu ou presque. D'un commun accord, nous ne nous sommes pas séparés tant que l'un de nous ne devait pas quitter l'émission. Nous ne l'avons fait que lorsque j'ai été éliminée. Lui est resté jusqu'en finale. Quand le jeu a pris fin et qu'il est sorti à son tour, nous avons essayé, discuté et convenu que ça n'allait plus être possible tous les deux. Nous avons menti aux gens et aux journaux en affirmant que notre histoire continuait. C'était faux, tout était faux, nous l'avons fait pour des raisons de business, en vérité. Et même si nous avons de nouveau participé à une émission ensemble, c'était fini entre nous, et bien fini.

Avec le recul, lorsque je repense à ce mariage, je m'aperçois que la production s'est un peu moquée de nous, nous n'étions que des pantins dont elle tirait les ficelles. Alors évidemment, il est aujourd'hui facile de me dire : « Tu n'avais qu'à ne pas accepter toute cette mise en scène… » Je le sais, mais nous étions mis en condition d'une façon qu'il est difficile d'imaginer tant qu'on n'a pas vécu ce genre de situation. Il ne faut pas oublier que nous étions tous très jeunes et que nous avions affaire à des gens d'expérience bien plus âgés que nous. À l'époque où j'ai participé à *Secret Story*, j'avais juste 24 ans et je ressemblais encore à un bébé. C'est à la naissance de mon fils que mes traits sont devenus ceux d'une femme, j'avais tout simplement mûri…

À ma sortie du jeu, j'ai quand même voulu rétablir la vérité et j'ai déclaré publiquement ce qui s'était passé. La directrice a mal pris que je révèle l'envers du jeu. Elle a affirmé que c'était moi qui avais voulu me marier et qu'elle avait des enregistrements sonores qui le prouvaient. C'est vrai, mais c'est un peu facile : un enregistrement audio, on lui fait dire ce que l'on veut, il suffit de couper et de remonter la bande pour que tout le monde croie que c'est la vérité !

– 4 –

Bye bye *Secret Story*, bonjour la vie…

Nous n'étions plus que six candidats dans la maison : Senna, Benoît, Stéphanie, Anne-Krystel, Bastien et moi. Chaque mercredi, on se retrouvait à tour de rôle à confesse et la Voix annonçait : « Cette semaine, c'est une "nomination" fille ! » ou alors c'était une « nomination » garçon, ou encore mixte. Quand j'ai appris que j'avais été désignée pour être éjectée, je n'ai pas cherché à savoir qui avait voté contre moi, ça suffisait, les histoires ! Jusque-là, j'avais été un peu protégée par la production puisque je n'avais jamais été « nominée » depuis le début du jeu, mais là, bizarrement, je m'en doutais. Nous étions deux dans la même situation, et la fille qui est restée dans la Maison est finalement sortie la semaine suivante. Je crois que la production pensait qu'en étant « nominée », avec mon caractère, j'allais faire des histoires, provoquer un clash et que ça serait toujours ça de gagné au niveau de l'audience. Quand j'ai entendu que c'était moi qui dégageais, j'ai éclaté en sanglots ; être éjectée à trois semaines de la finale, c'était quand même dur ! Le grand gagnant a été Benoît, et à mon avis, c'était mérité. Il était très drôle, Benoît, c'était le gay de service, une langue de vipère qui ne se mouillait pourtant pour rien et jamais. Je me suis toujours bien entendue avec lui, mais il allait où le vent le menait. Nous étions très proches au début du jeu, mais quand il a découvert que les gens commençaient à se liguer contre nous, il a préféré prendre ses distances vis-à-vis de moi. Benoît, c'est une girouette, il ne se mouillera jamais pour personne, mais je ne révèle rien, lui-même en plaisante et après tout il s'agit d'un jeu !

On n'a pas beaucoup de temps pour dire au revoir aux autres quand on apprend qu'on sort de la Maison des Secrets. Senna m'a prise dans ses bras, il m'a embrassée, et je suis partie. Et c'était tout. On m'a apporté mes affaires, qui étaient gardées dans le cellier. Au début du jeu, j'avais emmené peu d'affaires, mais les mois passant, j'avais demandé à ma famille de m'envoyer des pulls, un tas de choses qui se sont accumulées. J'étais arrivée avec une valise, je suis repartie avec quatre sacs en plus ! À peine sortie, j'ai été propulsée sur le plateau où Benjamin Castaldi, qui m'y attendait, m'a accueillie. J'ai remarqué la présence de mon père, de ma mère, de ma grande sœur. J'étais surprise, sous le choc… Quand un candidat est « nominé », si l'on veut savoir s'il va devoir partir, il suffit de regarder si sa famille est sur le plateau, c'est un indice qui ne trompe pas ! La production avait appelé mes parents en leur disant : « Votre fille risque de sortir du jeu, vous êtes invités pour le prime » ; ils ont accepté. Peut-être étaient-ils déçus pour moi, peut-être ont-ils pensé que ce n'était pas une mauvaise chose que ce soit fini, ça faisait longtemps que j'étais séparée d'eux… Je n'ai jamais abordé cette question avec mon père ; à la maison, on ne parle jamais de télévision.

Une fois sur le plateau, l'effet de surprise a joué et je n'ai pas tout de suite compris ce qui se passait. Benjamin m'a posé des questions et, quand l'émission a été terminée, on m'a emmenée dans une loge. Là, je me suis aperçue qu'il y avait une nuée de journalistes qui attendaient pour m'interviewer. J'ai alors réalisé que c'était la responsable de la communication d'Endemol, la fille qui s'occupait de l'émission au service de presse, qui avait tout organisé. À l'écart, secouée par ma sortie, je lui ai lancé : « Je pense que vous avez fait assez d'argent sur mon dos ! Je viens de sortir, je suis encore sous le coup de l'émotion et il est hors de question que je donne des interviews à onze heures et demie du soir. Maintenant, vous me fichez la paix ! » C'est étonnant, mais malgré mes trois mois passés dans la maison sous l'œil des caméras, elle ne semblait toujours pas me connaître, car apparemment elle ne s'attendait pas à ma réaction. Elle a pris un air contrarié puis m'a répliqué sèchement : « Tu n'es pas très reconnaissante…

La reconnaissance ? C'était bien le dernier de mes soucis. J'étais épuisée, à bout de nerfs, j'avais envie de serrer ma famille dans mes bras, je l'ai envoyée au diable.

Agacée, elle est sortie de la loge et j'ai envoyé promener les journalistes. On m'a demandé de signer une décharge, car le lendemain je ne voulais pas partir en train comme c'était convenu, mais rentrer en voiture avec ma famille. Tout le long du trajet vers l'hôtel (où je suis restée seule, enfermée avec un garde), des paparazzi suivaient la voiture. Ils voulaient absolument me shooter et me poser des questions. C'était hors de question ! Peut-être que je commençais à être plus clairvoyante et à mieux comprendre la mécanique du jeu. Cette fois, ce n'était pas Endemol qui allait se faire de l'argent sur ma sortie, c'était moi. Ils en avaient eu assez de moi ! J'étais tellement en colère ! J'avais l'impression d'être un ticket numéroté comme ceux que l'on prend dans une boucherie en attendant d'être servi.

Cette prise de conscience est venue d'un ensemble de choses : être soudainement propulsée dans la lumière après des mois d'isolement, le choc de revoir mes parents, la grande fatigue qui s'est abattue sur moi d'un coup, et une envie profonde de ne plus parler à personne, de me coucher et de dormir. Ce n'est pas pour autant que j'ai beaucoup dormi, j'ai d'abord passé une nuit blanche à repenser à tout ça… Ce qui m'a fait vraiment plaisir, c'est de retrouver mon téléphone, de regarder un film et, plus tard, ce sont des choses toutes simples comme marcher librement dans la rue, voir les gens, les magasins, les voitures… Des automatismes dus à ma vie à l'intérieur de la Maison ont persisté longtemps : par exemple, il est plusieurs fois arrivé que ma sœur me demande pourquoi je sortais de la douche emmaillotée dans une grande serviette, j'avais zappé que je n'étais plus dans *Secret*, mais que j'étais chez elle !

Le premier soir après mon départ de l'émission, en arrivant dans ma chambre d'hôtel, j'ai pris un bain, puis un deuxième ; c'est bizarre, mais j'avais l'impression d'être sale et je ressentais vraiment le besoin de me laver. Je ne sais pas si j'étais triste ou si j'étais gaie, mon cerveau était comme anesthésié. Le lendemain, avec ma sœur et mon beau-frère, je suis partie directement en Belgique.

Les jours suivants, les demandes d'interview se sont multipliées, ça venait de tous les côtés : *Voici, Closer, Public*, tous les magazines people me faisaient des propositions. À ce moment-là, j'étais entourée de gens dont je tairai le nom pour ne pas leur faire de la « pub », et qui me disaient : « *Voici* a téléphoné et *Closer* aussi. Ils te proposent tous une grosse somme pour une interview ! » Puis c'était un autre magazine et encore un autre qui renchérissait. Comme je ne connaissais pas le monde de la presse people, j'ai fait confiance à ces « conseillers » qui ont quand même raflé cinquante pour cent de ce que j'ai été payée pour répondre à des questions par téléphone. Je ne me suis pas déplacée, je n'en avais pas envie, et le magazine a quand même déboursé 32 000 euros pour avoir l'exclusivité de mon témoignage. C'est beaucoup d'argent, mais je n'avais rien demandé. Qui aurait refusé à ma place ? En définitive, ce que souhaitait le magazine, c'est que je dise du mal d'Endemol en en rajoutant sur le mariage avec Senna qui m'aurait été imposé. Ce qui les intéressait, c'est que je démonte l'émission. Mais la seule chose que je leur aie dite, c'est que le mariage, à la base, n'était pas mon idée ni celle de Senna, ce qui était la vérité.

J'ai appris que l'audience de *Secret Story* avait chuté après mon départ. Cela aurait pu me faire plaisir, mais cela m'était égal, la page était tournée, point barre ! C'est du moins, ce que je croyais, et c'est pourquoi je n'ai pas regardé à la télévision les émissions qui ont suivi ma sortie. Je me doutais que, concernant Senna, la production allait montrer des situations gênantes, rien que pour me perturber. Comme je n'ai pas réagi, c'est eux qui m'ont appelée : « Tu veux faire gagner 10 000 euros à Senna ? Pour ça, séparée des autres par un Plexiglas, il faut que tu piques une crise dans le sas, ce sera ta mission… » Comme c'était une mission et que je savais que tout le monde finirait par apprendre que ce n'était pas la réalité, j'ai accepté. Je n'avais rien à y gagner, mais Senna, oui. Il n'y avait que les habitants de la Maison qui ignoraient que c'était un coup monté. Ils sont tombés droit dans le panneau et ont vraiment cru que j'étais revenue par jalousie pour tout casser. Ils me voyaient très bien à travers la vitre en train de gesticuler et de crier, mais, moi, je ne les voyais pas. En définitive, Senna a gagné les 10 000 euros. On m'a demandé s'il avait partagé cette somme avec moi, mais non, il ne me l'a pas proposé. Je n'avais aucun intérêt dans cette histoire, mais à l'époque Senna était toujours mon amoureux et j'étais contente qu'il touche cet argent.

Je suis revenue une autre fois dans *Secret Story* à l'occasion d'un prime avant la finale. Quelques jours auparavant, la production m'avait appelée : « Amélie, il faut que tu apparaisses dans un reportage qui sera diffusé pendant le prime et qui va retracer ton retour chez toi, tes retrouvailles avec ta famille, tes amis, tes nouvelles occupations… » J'ai immédiatement répondu qu'il n'en était pas question et j'ai ajouté : « Désolée, le jour où vous pensez m'imposer ce tournage, je pars en thalasso avec une copine. J'en ai vraiment besoin ! » Ce qui était vrai, car j'avais besoin de cette coupure. Ils savaient bien que ça coûtait très cher une thalasso, mais ils voulaient cette séquence et n'ont pas hésité, ils m'ont alors répliqué : « Écoute, il y a peut-être une solution, on t'offre la thalasso et tu tournes le reportage avant… » Dans ces conditions, je ne voyais pas pourquoi j'aurais refusé, j'ai dit : « OK ! »

La semaine d'après, au prime, j'ai fait une entrée de star. Aucune candidate n'avait eu un tel traitement. Un chauffeur est venu me chercher à mon hôtel et la production m'a déroulé le tapis rouge ! Le processus a été le même que celui que j'avais connu : direction la loge, coiffeur, maquillage, et le plateau. Benjamin Castaldi m'a accueillie par la grande porte en me demandant comment j'allais, puis il a lancé le reportage : « Amélie, le retour ! » Aussitôt le public s'est mis à applaudir à tout rompre. Curieusement, ces applaudissements m'ont gênée, je ne comprenais pas ce que j'avais pu faire pour les mériter…

Trois semaines après ma sortie de la Maison a eu lieu la finale. Benoît a gagné le jeu et j'ai retrouvé mon compagnon, je devrais d'ailleurs dire : mon ancien flirt, car en définitive, ça n'a été qu'une aventure. Je me suis vite aperçue que sa célébrité lui était montée à la tête. Nous étions bookés tous les week-end dans des boîtes à la mode, où Senna était immédiatement reconnu et aussitôt entouré. Avec lui, c'était : « Moi, je… » en permanence. À l'époque, c'est une agence de booking qui s'occupait de nous trouver des prestations rémunérées. Elles consistaient, par exemple, à faire des photos pour un magazine ou à apparaître ensemble à l'occasion d'une inauguration ou d'une soirée dans une boîte de nuit. On faisait le « job » et on retournait tous les deux en Belgique. Là, il m'a dit qu'il voulait que l'on s'installe à Paris, mais je lui ai répondu que je n'allais quand même pas changer de vie parce que j'avais participé à une émission de téléréalité ! Pour lui, c'était à Paris que tout se passait et il pensait que si nous n'y allions pas, nous allions perdre beaucoup d'opportunités professionnelles. Et puis à Paris, il était connu et reconnu, tandis qu'à Liège, ce n'était pas aussi évident…

À partir de ce moment, c'est devenu très tendu entre lui et moi… C'est alors que nous avons été contactés par une maison de production qui s'appelle « La Grosse Équipe » et qui nous a proposé de partir à Los Angeles pour rejoindre *Les Anges de la téléréalité*, une émission diffusée sur NRJ 12. J'étais sortie de *Secret Story* mi-octobre et je risquais fort de me retrouver aux États-Unis juste un mois plus tard. Ça ne me laissait pas beaucoup de temps pour souffler, mais là-bas, au moins, je ne serais pas enfermée. C'étaient pour moi des vacances, et payées en plus ! J'ai donc donné mon accord, Senna également.

Le matin même où je devais prendre l'avion, j'ai téléphoné à Jean-Étienne, l'un des responsables de la production avec lequel j'étais en contact, pour lui annoncer que je ne voulais plus partir. Il m'a aussitôt répondu : « C'est impossible, Amélie, tu ne peux pas me faire une chose pareille ! » Je lui ai expliqué que ça se passait très mal avec Senna, que nous n'étions plus sur la même longueur d'onde et que nous venions de nous séparer. Jean-Étienne a insisté et j'ai pensé que ce voyage changerait peut-être les choses entre Senna et moi, qu'il améliorerait nos relations. En étant à nouveau réunis dans un jeu de téléréalité, les sentiments que j'avais éprouvés pour lui dans *Secret Story* pouvaient peut-être ressurgir…

Cette nouvelle aventure avec *Les Anges* s'est étalée sur plus de trois semaines de tournage. Tous les participants avaient un but professionnel à atteindre : devenir célèbres aux États-Unis. Le mien, devenir modèle photo. Ce n'était pas très difficile, car nous avions un parrain sur place qui nous obtenait des rendez-vous avec les agences ou les magazines… Les photos étaient individuelles ou en couple et comme il s'agissait bien entendu d'une émission de téléréalité, les images de nos séances photo à Los Angeles, mais aussi de mes rapports souvent tendus avec Senna, étaient diffusées en France. Encore une fois, la production a plus mis l'accent sur mes gueulantes que sur les shootings…

Nous étions plusieurs à participer aux *Anges*, en plus de nous, il y avait six autres personnes qui avaient toutes été les vedettes d'une émission de téléréalité. Comme je découvrais Los Angeles, j'étais aux anges, ce qui est le cas de le dire ! Je trouvais fabuleux de ne pas être enfermée entre quatre murs, d'avoir la liberté de sortir, de rouler en voiture au soleil, de profiter de la piscine dans un décor de rêve. Notre maison était magnifique ! Nous logions à Los Angeles dans une grande villa du quartier très chic de Beverly Hills. Il y avait : Steevy Boulay et Marlène Duval, de *Loft Story 1* et *2*, Cyndi Sander de *La Nouvelle Star 6*, Diana Jones et Astrid Poubel de *L'Île de la tentation 1* et *8*, John-David Dery de *Secret Story 2*. C'est dans l'avion qui nous emmenait en Californie que j'ai fait leur connaissance. Nous avons beaucoup parlé durant le vol, pas forcément de ce que chacun avait vécu dans l'univers de la téléréalité. Sans être impressionnée, j'étais en admiration devant Steevy et Loana qui avaient été les stars de *Loft Story*, une émission qui, au niveau de l'audience, avait cassé la baraque et qui avait ouvert la voie à la téléréalité. Quant à Diana, c'était une sacrée référence et une sacrée personnalité ! À l'arrivée, comme nous ne faisions pas partie des mêmes équipes, nous avons été dispersés, il n'y a que Diana et Marlène que j'aie revues régulièrement. Je me suis très bien entendue avec Diana, nous étions comme des sœurs, qu'est-ce que nous avons pu rire toutes les deux !

Jusque-là, aller aux États-Unis, c'était pour moi un rêve, mais un rêve irréalisable, ce voyage au bout du monde coûtait trop cher pour que je puisse l'envisager. C'était la première fois que je partais aussi loin, sur Air France et autrement qu'en classe économique, donc dans des conditions extraordinaires pour moi qui n'avais encore jamais vraiment quitté ma Belgique. *Secret Story* venait à peine de se terminer et l'une des hôtesses du vol, qui avait dû voir l'émission, m'a reconnue et m'a demandé si je voulais boire une coupe de champagne avec les pilotes dans le cockpit. Je me suis brusquement retrouvée sur un petit nuage, et quand le commandant m'a dit : « Vous voulez essayer de conduire l'avion ? » je l'ai remercié et, sans hésiter, je me suis assise à la place du copilote. Je savais bien que le pilotage automatique était enclenché et que je ne conduisais rien du tout, mais c'était quand même un moment vraiment incroyable ! Maintenant, avec le plan Vigipirate, ce ne serait plus possible, personne n'a plus le droit de rentrer dans un cockpit et moi, j'ai pu le faire, c'était plus que cool, c'était magique !

Ce voyage, je ne suis pas près de l'oublier… À peine retournée à ma place, j'ai commencé à me sentir mal, des nausées terribles. Après l'atterrissage à Los Angeles, je me suis aperçue que mon état s'aggravait, je ne tenais plus debout. La production avait prévu que la première soirée dans la villa serait filmée et que toute l'équipe irait ensuite dîner dans un restaurant de Los Angeles. Tout le monde a participé, sauf moi, j'ai dû rester au lit. Le lendemain, en urgence, j'ai pu consulter un médecin, qui parlait français. « Mais vous êtes la jeune fille qui s'est mariée à la télévision ! » s'est exclamée l'assistante du médecin avant que je rentre dans le cabinet. Décidément, ces Américains… Énorme comme accueil ! Et là, je me suis dit : « Je suis à presque 10 000 kilomètres de la France et de la Belgique, ce n'est pas possible… » En voyant mon regard étonné, l'assistante médicale m'a tout de suite rassurée : « Ne soyez pas étonnée, je suis française et j'ai entendu parler de vous… » Puis le médecin m'a auscultée et m'a annoncé que j'avais une angine blanche. « Baissez votre pantalon ! » m'a-t-il alors dit. « Depuis quand on soigne une angine avec une piqûre dans les fesses ? Et puis, il y a d'autres endroits pour piquer… » Il a éclaté de rire. En fait, c'était une blague, mais il m'a quand même fait une piqûre dans le bras. Je ne sais pas trop ce que contenait la seringue, je pense que c'était de la cortisone parce qu'il m'a précisé : « Dans trois minutes, vous pourrez manger tranquillement et avaler sans avoir mal ! » Et le plus incroyable, c'est que ça s'est passé exactement comme il l'avait prédit ! Il m'a également prescrit des antibiotiques à prendre pendant quatre jours, de gros cachets pas faciles à avaler, mais aux États-Unis, les médicaments sont comme tout le reste, démesurés ! Les médecins américains ne font pas dans le soft : tu as les amygdales prises ? Direct la piquouze, et hop, tu ne sens plus rien ! Le docteur m'a quand même mise en garde : « La température va monter ce soir. Ne vous inquiétez pas, c'est normal. Demain, vous serez guérie. » Effectivement, le soir, dans mon lit, la fièvre m'a fait transpirer, j'étais trempée, mais au matin, je me suis réveillée en pleine forme. C'est clair que les médecins américains ne chipotent pas, mais heureusement que c'était la production qui payait ! Dès qu'ils apprennent que tu es européenne, ils te demandent si tu as une assurance et même une seconde en complément. C'est automatique, même à un mourant, ils lui demanderaient s'il a une assurance ! Après, ils facturent à plein tarif et se font un max d'argent au passage. Le prix de la visite et des soins, ce n'était vraiment pas donné, la production a payé 800 euros ! Quelques années plus tard, je suis allée à Hawaï avec mon fils, qui est tombé malade durant le séjour. Comme j'étais inquiète et que j'ignorais si c'était grave ou pas, je l'ai emmené à l'hôpital. Il y est resté deux heures, le temps de procéder à tous les examens et de le soigner. En définitive, il n'avait rien de méchant et nous sommes repartis comme nous étions venus. J'avais eu la bonne idée de prendre une assurance particulière de 250 euros en plus de celle de la production. Il valait mieux, parce que, quand la facture est tombée, je n'en suis pas revenue : 8 500 dollars !

Durant cette première saison des *Anges de la téléréalité*, j'avais une forme d'admiration pour Steevy Boulay, qui avait participé à *Loft Story*, et pour Diana qui avait participé à la première *Île de la Tentation*, deux programmes qui avaient cartonné. Moi, à côté d'eux, j'étais le petit bébé qui ne comprenait pas trop ce qui se passait et comment ça fonctionnait. Eux, c'étaient presque des pros…

À la fin du tournage, le 23 décembre 2010, nous sommes rentrés en France. Senna et moi avons passé Noël dans nos familles respectives, et nous nous sommes retrouvés tous les deux pour le réveillon du jour de l'an, parce que nous étions « loués » par une agence pour apparaître ensemble. Après, nous avons tiré un trait sur notre histoire, elle était définitivement terminée. C'est alors que la guerre a commencé entre Senna et moi…

D'ordinaire, j'ai assez de feeling pour savoir, souvent au premier coup d'œil, ce qu'il faut penser de quelqu'un. Je me fie toujours à mon instinct, mais après les trois mois d'enfermement que j'avais vécus dans *Secret Story*, je n'étais plus aussi clairvoyante. Une fois que le jeu est terminé, les candidats se retrouvent lâchés dans la nature sans aucune aide ou suivi, c'est à chacun de se réadapter à la vie quotidienne et, pour les plus connus, ceux qui sont arrivés en finale ou ont été éliminés juste avant, de se débrouiller dans la jungle des propositions : interviews en exclusivité pour la presse, séances photo, parrainage d'une marque de vêtements ou de produits de beauté, plateaux télé, participation à une soirée ou à un évènement people. Que faut-il accepter ou refuser, tout le problème est là ! Un tas de paparazzi me tournaient autour. Certains, plus malins que d'autres, ont réussi à m'apprivoiser. À les écouter, je devais suivre leurs conseils avisés pour me faire un max d'argent. Eux se tournaient les pouces, mais se prenaient de grosses commissions sur tout ce que j'acceptais. Les magazines people interviewaient régulièrement Senna, qui n'était pas tendre avec moi et me donnait toujours le mauvais rôle. C'est ce que les journaux voulaient, ça alimentait la polémique et leurs ventes s'envolaient. Les paparazzi qui m'entouraient essayaient de me convaincre : « Tu ne vas pas le laisser raconter des choses pareilles sans répondre ! Il faut lui en mettre plein la gueule ! » Je n'étais pas insensible à leur bourrage de crâne, j'ai donc répondu, et c'est devenu, entre Senna et moi, à qui dirait le plus de méchancetés sur l'autre. À la limite, je m'en foutais de ce qu'il répliquait, de la fille avec laquelle il avait posé en couverture, sachant que c'était un coup monté par un paparazzi. Senna était complètement sorti de ma vie, mais j'étais embarquée dans une forme d'escalade. Jusqu'au moment où j'ai pensé : « Stop, tout ça, maintenant, ça suffit ! »

Il ne faut pas croire que j'ai un sentiment de rancune vis-à-vis d'Endemol, que j'ai juste l'impression d'avoir été un pion que la production manipulait à sa guise. En aucun cas. Je leur dois beaucoup. Je leur suis reconnaissante parce que c'est grâce à l'émission que je me suis fait un nom. J'ai eu des disputes avec les producteurs, je ne me suis pas gênée pour leur envoyer à la tête tout ce que j'avais sur le cœur, mais, en définitive, s'il n'y avait pas eu *Secret Story*, je ne serais pas en train d'écrire un livre et de raconter mon histoire. Endemol m'a donné une chance, j'ai su la saisir, et ça reste pour moi une expérience inoubliable. Il y a eu des moments pénibles, mais je ne regrette pas d'avoir tenu bon parce que je suis quand même la seule candidate qui, depuis six ans, passe tout le temps à la télé. En parlant de moi, on ne dit pas : « Machine vend du boudin, l'autre des chaussures, et Amélie Neten ? Qu'est-ce qu'elle est devenue ? »

– 5 –

Amélie des Anges

Amélie des Anges, c'est le surnom que m'ont donné les jeunes sur les réseaux sociaux. Pour eux je suis indissociable de cette émission de téléréalité à laquelle j'ai participé durant six années. Comme je l'ai raconté, la première fois, c'était à Los Angeles, en novembre et décembre 2010. Quelques semaines après, les producteurs m'ont rappelée pour me proposer de venir en *guest*, donc comme invitée, sur la deuxième saison qui allait être enregistrée à Miami en Floride. Je ne connaissais pas Miami, alors j'ai sauté sur l'occasion, surtout que le tournage était très court (en ce qui me concerne, il n'a duré que trois jours). Je ne savais pas encore que j'étais enceinte, je ne l'ai appris qu'à mon retour. J'ai zappé la saison 3 parce qu'elle a eu lieu l'année de mon accouchement, mais j'ai quand même reçu un coup de fil de l'ancien directeur de NRJ12, Stéphane Joffre-Roméas. Il avait dû apprécier mon tempérament de feu, puisqu'il m'a dit : « Je suis au courant que tu es enceinte et que tu es dans l'impossibilité de te déplacer, est-ce que nous pouvons caler un dîner en Belgique ? »

Ça faisait un moment, en effet, que pour préserver ma santé, je ne sortais plus. J'ai accepté et je me suis mise sur mon trente et un pour le rejoindre au restaurant. C'est là qu'il m'a expliqué : « Nous avons signé pour une nouvelle saison des *Anges* 4. Elle se déroulera à Hawaï et nous aimerions vraiment que tu y participes. Elle se tournera en janvier 2012 et, comme tu accouches au mois de décembre, le bébé aura un mois… Est-ce que ça te tente de vivre cette expérience avec nous ? Évidemment, tu emmèneras ton enfant ! » Je lui ai répondu : « Pourquoi pas… Je te tiens au courant. »

J'ai pesé le pour et le contre, et finalement, j'ai accepté.

Quand le moment est venu pour moi de partir, Hugo avait un mois et demi. Je suis tout d'abord allée voir la pédiatre qui m'a rassurée : « C'est maintenant qu'il faut envisager ce voyage avec votre fils. Le décalage horaire n'aura pas d'impact sur lui, il n'est pas réglé sur l'horloge, mais sur les heures où il a faim. Il a déjà eu ses premiers vaccins, il n'y a donc pas de raisons de se faire du souci.

– Vous êtes certaine que je peux prendre l'avion avec mon fils ?

– À Hawaï, il y a un excellent hôpital américain. Pas de problème, vous pouvez partir tranquille. »

Nous nous sommes donc retrouvés avec Hugo dans l'avion, en compagnie d'une copine qui avait accepté d'être sa nounou sur place. L'hôtesse m'a aidée à installer mon fils dans un petit lit nacelle placé face à moi pour que je puisse toujours le voir. Il avait son matelas, son oreiller et il devait être vraiment bien parce que pendant tout le vol – qui est très long puisqu'il a duré près de vingt-quatre heures avec l'escale – pas une fois il n'a bronché. De temps en temps, l'hôtesse venait me voir et me demandait en souriant : « Vous êtes sûre qu'il est vivant ? Parce que des bébés aussi calmes que lui, on n'en rencontre pas souvent ! » Hugo ne se réveillait que pour prendre son biberon ou quand je le changeais, puis il se rendormait en souriant aux anges.

Tous les frais étaient payés par la production, qui avait prévu de me faire arriver quatre jours avant les autres candidats pour me laisser le temps de m'installer. À l'hôtel, j'avais une chambre immense avec un berceau pour le bébé, un micro-ondes pour réchauffer ses biberons, tout était parfaitement organisé. Je n'avais pas pris l'avion les mains dans les poches, j'avais tout un déménagement ! Il y avait la poussette, mes bagages, les affaires du petit, ses produits, et comme je ne voulais pas qu'il risque des problèmes digestifs, j'avais emporté je ne sais combien de boîtes de lait que j'avais achetées en Belgique. Heureusement, je n'avais pas de poids limite à respecter ! Quand je me suis retrouvée à l'embarquement, l'hôtesse m'a dit : « Pas de problème, la production nous a prévenus, elle prendra en charge les frais de supplément de bagages. »

Il y avait certainement d'autres filles que la production aurait pu choisir à ma place, mais, quand je l'avais rencontré, l'ancien directeur de NRJ12 m'avait déclaré : « Nous t'aimons bien et nous avons tout de suite accroché avec toi. Tu es quelqu'un de très naturel, de très spontané, tu ne mâches pas tes mots et tu as toujours quelque chose à dire. Tu es vraie ! »

C'était exact, mais la vérité, c'est que j'avais surtout compris la mécanique de la téléréalité, comment elle fonctionnait. Dans ce genre de jeu, si tout est plat, linéaire, les gens n'adhèrent pas, ils veulent des petites embrouilles. Et comme moi je suis incapable de faire semblant – j'aime ou je n'aime pas – il se passe toujours quelque chose ! Les producteurs étaient conscients qu'avec mon tempérament, s'ils me mettaient une personne pénible dans les pattes, ça me taperait vite sur le système et partirait en vrille. Bien sûr, au début, j'ai pris sur moi pour ne pas exploser à tout bout de champ, puis le naturel est revenu au galop et ça a clashé… Les histoires, c'est ce que les producteurs recherchaient, et avec moi, ils étaient bien tombés !

Ce qui m'a le plus surprise en débarquant de l'avion et en arrivant à Hawaï, c'est la vague de chaleur et d'humidité qui m'est immédiatement montée au visage. Nous étions au mois de janvier et c'était surprenant après le froid qui sévissait en

Belgique. En Polynésie, il n'y a que des paysages de rêve, et l'eau de l'océan Pacifique est toujours limpide, presque cristalline. J'ai fait des excursions de malade, de la plongée au milieu de poissons multicolores, j'ai visité les montagnes où ont été tournées les scènes de Jurassic Park, c'était un dépaysement total, un voyage formidable, mais je pense que j'ai quand même préféré l'Australie, comme je le raconterai à la fin de ce chapitre…

Sur *Les Anges 5*, qui avaient lieu à Miami, j'ai changé complètement d'emploi et cela m'a beaucoup plu. De candidate sur les précédentes éditions, je suis devenue l'un des membres du jury qui choisit les Anges anonymes. Ces garçons et ces filles qui, à la différence des candidats habituels, n'ont pas participé à un jeu de téléréalité et qui souhaitent voir aboutir un projet professionnel. Pour les recruter, des castings sont organisés en France et, rapidement, des personnes d'horizons très différents se présentent. Pour ces *Anges 5*, c'était particulièrement varié, du chanteur au cuisinier… Avec Kamel et Sofiane, nous avons tourné à Paris, Lyon, Bordeaux afin de procéder à une première sélection. À la fin de l'émission en prime, il n'y avait plus que deux candidats, c'étaient eux les gagnants qui allaient partir pour Miami. C'est à ce moment-là que j'ai rencontré Maud. Nous sommes devenues très amies et le sommes restées depuis. Quand elle est venue en Belgique, je lui ai fait visiter Liège et, malgré l'éloignement, nous sommes toujours proches aujourd'hui.

C'est le soir de la finale que Matthieu Delormeau, l'animateur, a annoncé en direct que je m'envolais également pour Miami. C'était une surprise pour les téléspectateurs. C'est comme ça que je me suis retrouvée aux États-Unis, mais cette fois, quand on frappait à la porte de la villa, c'est moi qui accueillais les participants…

Durant cette saison à Miami, j'étais inséparable d'Alban, que je revois de temps en temps sur les plateaux de télé, mais aussi de Nabilla. Toutes les deux, nous formions la « team plastoc », en référence à nos formes pulpeuses plus ou moins naturelles et par opposition aux crevettes Capucine et Aurélie. J'ai fait deux années avec Nabilla, c'était une copine et nous avions des crises de fou rire pas possibles ensemble, elle peut vraiment être très drôle. Puis il y a eu tout le buzz à son sujet, je n'ai plus eu trop de nouvelles de sa part et chacune a repris sa route de son côté. Je ne me permettrais pas d'évoquer ce qui lui est arrivé plus tard avec son copain, je n'ai pas de jugement à porter. On ne sait jamais ce qui se passe à l'intérieur d'un couple, à quel point la pression médiatique a compté dans cette histoire, c'est bien pourquoi je me garderais d'émettre le moindre avis.

D'une façon générale, il est impossible de se mettre à la place des gens, de deviner leurs motivations ou le pourquoi de leurs réactions. Lors d'une émission, on m'a demandé ce que je pensais des femmes battues, du fait que, malgré tout, elles restaient avec l'homme qui les maltraite. J'ai été très prudente, car je n'ai jamais vécu une situation pareille, une bousculade peut-être, mais jamais de coups. Je pense qu'en dépit de la violence, des promesses non tenues de ne pas recommencer, il y a des sentiments qui persistent et qui ne disparaissent pas si facilement. Souvent, on ne comprend pas qu'une personne battue, que ce soit un homme ou une femme, ne quitte pas la maison où le couple vit, mais l'emprise n'est pas que physique, elle est également morale. En ce qui concerne les femmes, à force de s'entendre dire tous les jours que l'on est moche et conne, quand on se regarde dans le miroir, on se voit laide et stupide. Qui peut vraiment comprendre ce qui se passe dans la tête de quelqu'un ?

Pour revenir aux *Anges*, cette émission de téléréalité m'a permis de voyager aux quatre coins du monde. Les *Anges 6* se sont déroulés en Australie et ce fut inoubliable !

C'est tellement immense, l'Australie, à la fois si sauvage à l'intérieur du pays et si vivant sur les côtes. On peut faire des centaines de kilomètres en pleine jungle sans rencontrer personne, et puis après, se retrouver au bord de la mer au milieu des surfeurs et des restaurants à la mode. Mon plus grand choc, je l'ai ressenti en découvrant la Grande Barrière de corail. C'était incroyable de voir tous ces poissons multicolores, l'eau d'un bleu si lumineux, le fracas des vagues, je n'en suis pas revenue !

Le vol a été interminable : 27 heures ! Comme ça avait été le cas les deux fois où je suis allée à Miami, mon fils m'accompagnait. Je suis incapable de rester séparée de lui longtemps. En Australie, il est venu me rejoindre deux semaines après mon départ avec ma sœur et mon beau-frère. Ils étaient déjà avec moi lors du second voyage à Miami pour s'occuper de Hugo. Ils étaient ravis, ça leur permettait de faire de superbes voyages.

Quand j'ai accepté de partir en Australie, j'étais tout excitée, mais comme les autres participants, j'avais un peu peur. Dans ce pays, les bêtes sont complètement surréalistes ! Il y a des requins, des serpents, et surtout des redbacks, de petites araignées – les veuves noires à dos rouge –, dont la piqûre est mortelle. Moi qui ai une peur bleue des araignées, je vérifiais sans arrêt s'il n'y en avait pas une qui rôdait dans un coin du salon ou du jardin... Nous étions à une heure de Sidney et, dans la villa où nous logions, on nous avait confié un bébé kangourou de trois mois qui avait perdu sa maman. Il était adorable. On sentait qu'il avait besoin de tendresse, alors au lieu de le laisser seul à l'extérieur, dans un enclos, nous l'avons installé bien au chaud à l'intérieur dans un panier avec une petite couverture rouge. Nous lui donnions un biberon toutes les deux heures et nous avons fini par l'apprivoiser. On lui apprenait à shooter dans un ballon, il était trop drôle ! Mais l'animal qui m'a le plus fascinée, c'est le koala. Il passe son temps à dormir et ne se réveille que deux heures par jour pour manger des feuilles d'eucalyptus. C'est tout ce qu'il fait dans sa vie, le koala ! Il avance tout doucement, il se fixe sur une branche et il ne bouge plus… il s'est rendormi ! J'en ai pris un dans mes bras, c'est tout doux, mais attention aux griffes, elles sont terribles !

J'ai également nagé avec des requins et des tortues de mer dans un aquarium géant. On m'a équipée d'une combinaison et de bouteilles et j'ai plongé. Sous l'eau, tout semblait immense. Quand un requin s'approchait, le plongeur qui m'accompagnait me faisait signe de ne surtout pas bouger et de ne pas avoir de gestes brusques. Ce n'étaient pas des requins mangeurs d'hommes, mais on ne sait jamais, mieux vaut être prudent ! Parfois, c'était une tortue qui me dépassait sans bruit et qui disparaissait. C'était fascinant, mais je ne suis pas restée longtemps au fond, car au bout d'un quart d'heure, j'ai commencé à paniquer. Pas à cause des requins, mais parce que j'avais l'impression de manquer d'air ! Cette plongée, je ne l'oublierai jamais, elle a été une expérience incroyable, elle m'a vraiment marquée.

La villa était dans un domaine, et tous les soirs des chauves-souris se mettaient à voler autour de nous.

Ce n'étaient pas des petites bêtes comme en Europe, elles étaient énormes, elles mesuraient presque un mètre d'envergure. Quand elles déployaient leurs ailes, elles faisaient un bruit assourdissant, un bruit de claquettes. Chaque fois qu'on voyait arriver leurs grandes ailes qui se dessinaient en ombres chinoises dans la nuit, quelqu'un disait : « Voilà Batman et Robin qui débarquent ! » Elles se suspendaient à de très hauts arbres, tête en bas et ailes repliées. Au début, nous étions tous impressionnés et nous passions notre temps à regarder en l'air, puis on s'est habitués.

Le pire souvenir que je garde de l'Australie, c'est quand, pendant quatre jours, nous sommes partis en expédition dans la forêt de Daintree, une forêt tropicale qu'on appelle la jungle amazonienne, en référence à la forêt amazonienne… Dès le premier soir, Anaïs et moi avons pété un plomb et toutes les filles ont suivi. J'ai rencontré pour la première fois Anaïs Camizuli en 2013, quand j'ai été invitée en guest dans *Secret Story*. Anaïs était l'une des candidates et comme elle a un caractère aussi bouillant que le mien, ça a clashé d'entrée. Pourtant, ça ne nous a pas empêchées de former avec Eddy un trio d'enfer, les Foufounas ! J'étais trop contente de les retrouver en Australie. Bien sûr, ça n'a pas tardé avant que nous nous prenions la tête, mais peu importe, Anaïs est mon amie et nous sommes toujours liées aujourd'hui.

On nous avait prévenus que nous allions dormir dehors, mais nous n'imaginions pas que ce serait dans une tente individuelle tellement étroite qu'elle ressemblait à un cercueil. Les fermetures Éclair fermées, nous avions l'impression d'être dans un sarcophage. Pour ne pas arranger les choses, la pluie s'est mise à tomber. C'était une pluie tropicale, une véritable douche, si intense qu'en une minute nous étions tous trempés. Plus question de dormir à l'extérieur, il fallait trouver un abri. Les garçons, Eddy, Thibault et Benjamin, étaient en train de patauger, les pieds dans la boue, pour ranger le campement, quand notre guide, l'air inquiet, nous a rassemblés pour nous mettre en garde : « Un cyclone approche, il vient de la mer de Corail et comme la pluie appelle la pluie, bientôt, ça sera le déluge ! » Le groupe s'est mis en marche et, brusquement, Dean, le guide qui connaissait la jungle comme sa poche et qui nous accompagnait, a braqué sa lampe torche sur des feuillages en disant : « Voilà, nous sommes au milieu de la Rain Forest, il ne faut pas s'étonner de voir ce genre de bêtes ! » Et là, j'ai découvert une araignée géante au milieu de sa toile, avec une drôle de tache en forme de tête de mort sur le corps ! J'ai poussé un hurlement et j'ai commencé à courir en pleurant. Les araignées, c'est ma phobie, me retrouver face à face avec cette horreur toute velue, c'était bien pire qu'un cauchemar, c'était… l'enfer ! J'étais tétanisée, tellement paniquée que je me suis évanouie. Le temps de me réanimer, les cadreurs qui filmaient nos aventures ont coupé les caméras.

Cette araignée était nichée pas très loin de la chambre dortoir où nous avions fini par nous installer. Je n'avais pas le choix, alors j'ai essayé de dormir tout en tenant dans mes mains deux bombes contre les insectes venimeux. Toutes les trois minutes, les autres participants entendaient : pschitt, pschitt ! Pulvériser le produit dans tous les sens, je pensais que ça ne servait pas à grand-chose et peut-être même à rien, mais c'était psychologique, ça m'empêchait de m'enfuir en hurlant. Ce soir-là, j'ai donné l'impression d'être complètement hystérique, mais j'assume : le camping dans la jungle, ce n'est vraiment pas mon délire !

Durant la nuit, la tempête est arrivée. Le vent pliait les arbres, des branches se cassaient, les feuilles volaient et les noix de coco tombaient sur le toit en faisant un boucan pas possible. Une pluie battante tombait sans discontinuer, tout était inondé. La production avait prévu des équipements imperméables pour chacun, les caméras étaient recouvertes de toiles étanches, mais ça ne servait pas à grand-chose, la pluie était vraiment diluvienne, car nous étions en pleine saison des pluies. Le moins que je puisse dire, c'est que nous avons passé une nuit agitée ! Le lendemain, la journée dans la jungle a une fois de plus été très longue… Je crois que je n'ai pas l'âme d'une aventurière!

Au niveau des bestioles, ça ne s'arrangeait pas. Certaines se fondaient dans le décor et prenaient la forme d'une feuille. Dean nous a expliqué qu'on pouvait se brûler la main si par malheur on les touchait. Il y en avait aussi d'autres qui ressemblaient à des caméléons et qui étaient presque impossibles à repérer dans la végétation. Il fallait tout de même faire attention, car quand on passait à leur hauteur, elles pouvaient nous projeter leur venin dans les yeux, un venin si puissant qu'il risquait de nous rendre aveugles. Ce n'était plus les Anges en Australie mais Koh-Lanta. Ce qui était intéressant, lorsque nous ne nous battions pas contre les tempêtes ou des bestioles mortelles, c'étaient les moments où Dean nous montrait comment trouver de l'eau potable dans la jungle et d'autres techniques pour survivre en milieu hostile. J'ai beaucoup appris avec lui…

Nous étions à côté d'un petit village primitif où vivait une tribu d'aborigènes, des hommes et des femmes qui perpétuent les croyances traditionnelles australiennes et se nourrissent des produits de la jungle. C'étaient eux qui préparaient nos repas. Quand nous nous sommes tous retrouvés assis en tailleur sur le sol en bambou, je me suis demandé si j'allais réussir à avaler leur « cuisine », mais en réalité, c'était délicieux. Il y avait du poisson sauvage pêché dans la rivière, du riz, des patates douces et des fruits. Je me suis dit que cette nourriture locale et très simple était meilleure que celle que l'on trouvait dans la plupart des restaurants australiens.

Le premier soir, il y a eu la cérémonie rituelle de bienvenue… Comme c'était le jour où j'étais tombée dans les pommes, juste avant que je ne fasse pschitt pschitt avec ma bombe insecticide toute la nuit, un gars de la production est venu me voir en me disant : « Écoute, Amélie, voilà comment ça va se passer : le rituel consiste à ce que le chef du village te demande de sentir sa transpiration sous ses bras. Après, tu l'inviteras à ton tour à sentir la tienne… Je préfère te prévenir, au cas où tu ne voudrais pas y aller. » Puis, se tournant vers les autres, il a ajouté : « C'est à vous tous ici présents que je m'adresse : il faut respecter la tradition et ne pas les offenser ! »

J'ai quand même décidé de m'y rendre, et comme par hasard, qui a été choisi en premier par le chef pour le cérémonial de bienvenue ? C'est moi ! Je n'ai pas vraiment osé renifler franchement sa propre transpiration, ni mettre son nez sous mon aisselle comme il le voulait… De toute façon, je ne sentais rien, je venais juste de me laver, mais à mon retour au campement, comme gênée par ce moment un peu étrange pour moi, je me suis lavée à nouveau, jungle ou pas, je peux vous dire que ce soir-là j'étais nickel !

Quand notre aventure dans la jungle s'est terminée, j'ai poussé un soupir de soulagement. Il faut dire que nous avons été amplement récompensés pour notre périple sauvage. Des semaines après notre retour à la villa, on nous a emmenés en hélicoptère sur l'île paradisiaque de Tangalooma, qui est restée pour moi l'île aux dauphins. Il faisait un temps magnifique et tous les soirs, à la même heure, des dauphins sauvages remontaient vers la plage et on se précipitait pour les nourrir. En voyage au Mexique, j'avais déjà vu des dauphins. Quand je me baignais, il y avait une femelle qui restait tout le temps près de moi, probablement parce qu'elle avait dû sentir que j'étais enceinte. Elle décrivait un grand rond dans l'eau, puis elle revenait aussitôt et me caressait doucement le ventre avec son nez. Les dauphins sont très intelligents et cette femelle avait trouvé le moyen de communiquer avec moi, elle m'envoyait des ondes sonores…

Quand nous avons tourné en Australie, j'étais célibataire, je n'avais pas de petit copain, mais ni dans cette saison ni dans une autre je n'ai cherché à me lier affectivement avec aucun des garçons du jeu.

J'avais vécu ça une fois avec Senna, je m'étais bien promis qu'il n'y en aurait pas une deuxième, et ça ne m'a pas empêchée de multiplier mes participations à cette émission. Si les producteurs m'ont demandé chaque fois de revenir, ce n'est pas par hasard. C'est certainement parce que chaque fois que je constatais que l'ambiance était un peu trop calme, je cherchais un prétexte pour aller au clash. Souvent, je n'avais pas besoin de chercher, ça venait tout seul et, sans me forcer, j'ai en effet eu pas mal de disputes avec les participants. Cette aventure avec les Anges était très différente de celle que j'avais connue avec *Secret Story* puisque nous n'étions pas enfermés dans la villa et encore moins isolés. Pourtant les motifs de dispute étaient à peu près les mêmes : les racontars sur les uns et les autres, la propreté, la confection des repas. Se prendre la tête pour une pauvre salade, c'est stupide, mais c'est bien ce qui a été à l'origine d'un clash mémorable entre Anaïs et Eddy. Il n'avait rien préparé et voulait se resservir, ce qui a déclenché la colère d'Anaïs. Moi, cette fois-là, j'ai préféré ne pas m'en mêler, mais quand Anaïs m'a prise à partie et a hurlé pour une histoire de linge sale, je suis entrée en piste ! Mais la pire dispute avec elle, je l'ai eue dans la jungle. Anaïs venait de faire une super excursion avec Eddy et comme la production ne nous avait pas autorisés à y participer, au retour, elle a commencé à nous narguer à propos de l'après-midi géniale qu'elle avait passée. Comme elle en rajoutait, je l'ai recadrée et ça a dégénéré. Nous étions dans une boutique de souvenirs quand on a réglé nos comptes et on se moquait pas mal que tout le monde nous regarde. Comme l'a alors dit Thibault : « Quand la bombe est lâchée, elle explose ! »

Quand je regarde en arrière, je me remémore le nombre d'aventures que j'ai vécues avec *Les Anges de la téléréalité* ! Le temps où en Belgique je servais des verres dans une discothèque et où j'empilais des boîtes de conserve dans ma petite épicerie me semble remonter à une éternité…

– 6 –

Tout a changé le jour où je t'ai donné la vie

Après le tumulte qu'avaient provoqué dans mon existence *Secret Story* et *Les Anges de la téléréalité*, j'ai repris ma vie comme avant. J'ai retrouvé mes amis, dont l'un, que j'aimais beaucoup, et avec qui je me suis mise à sortir. On allait dîner au restaurant, on passait du temps ensemble… et plus si affinités… Je ne pensais pas qu'il deviendrait quelqu'un d'aussi important dans ma vie. Nous étions jeunes, nous flirtions, nous nous amusions. D'oiseau de passage, il est devenu ma cigogne…

Je ne me suis pas aperçue tout de suite que j'étais enceinte, en prenant la pilule, je croyais que c'était impossible. Comme j'avais du retard, j'ai pris rendez-vous avec mon gynécologue et à son cabinet, on a compté les semaines… Je venais d'avoir une gastroentérite et le médecin m'a dit :

« Il est bien possible que la pilule soit partie avec la gastro et qu'elle n'ait pas eu le temps d'agir, la grossesse est tout à fait envisageable… »

C'est lorsque j'ai peu après eu une poussée d'acné que je me suis décidée à aller acheter un test de grossesse. J'ai suivi le mode d'emploi, puis j'ai enfoui le test dans mon sac en essayant de ne pas y penser. J'étais chez ma grande sœur lorsque j'ai pu me décider à regarder le résultat, comme pour ne pas être seule lorsque je saurais. J'ai été chercher le test et l'ai bien regardé : la barre était légèrement colorée. Paniquée, je me suis mise à pleurer, j'ai appelé mon beau-frère et nous avons téléphoné à ma sœur qui était encore au travail, puis à mon médecin traitant. Il m'a prescrit une prise de sang et quand je me suis retrouvée au laboratoire, l'infirmier m'a demandé :

« Vous avez déjà fait un test de grossesse ? Vous êtes enceinte ?

– Oui, j'ai fait un test, mais la barre n'était pas très marquée…

– Oh, vous savez, même si c'est que légèrement marqué, c'est que vous êtes enceinte ! »

J'ai eu la réponse en fin d'après-midi, il n'y avait plus aucun doute possible, j'étais bien enceinte ! J'étais déboussolée, je me demandais comment j'allais faire pour gérer la situation. Moi, maman ? C'était plus qu'une surprise… Je me posais tout un tas de questions. J'ai commencé à me toucher le ventre et j'ai pensé : « Est-ce un signe ? » Il y avait des années que ma sœur aînée essayait en vain d'avoir un enfant, peut-être que ce bébé qui me tombait du ciel était celui qu'elle ne parvenait pas à avoir ?

Le gynécologue m'a fait une échographie, je n'ai pas eu tout de suite le réflexe de regarder l'écran, mais j'ai entendu distinctement le petit cœur qui battait. À ce moment-là, une vague d'amour m'a submergée. Il était encore minuscule, mais j'ai senti que nous ne faisions qu'un, qu'il était ma providence et qu'il me permettait de réaliser mon rêve, celui que je portais en moi depuis si longtemps : être maman. J'ai grandi entourée de frères et sœurs, et sans que ce soit une corvée, les grands s'occupaient des petits, les habillaient, leur faisaient faire leurs devoirs ou jouaient avec eux. Nous étions sept enfants à la maison et dès que j'ai tenu sur mes jambes, pour mon plus grand plaisir, je me suis retrouvée avec un bébé dans les bras. C'était bien mieux qu'une poupée… Avec des gestes tendres, j'imitais ma maman en me disant qu'un jour, moi aussi, j'aurais un bébé pour moi toute seule…

Dans les jours qui ont suivi, j'ai appris à mon copain que j'étais enceinte. Lui, n'était pas prêt à assumer cette paternité. Je lui ai expliqué que je désirais ce bébé et, même s'il ne le souhaitait pas, il a été très correct avec moi. Je lui en ai un peu voulu pendant ma grossesse, aux moments où je ne me sentais pas bien. Mais aujourd'hui je n'éprouve aucune rancune envers lui et nous sommes en bons termes.

Si je ne cite ni le prénom ni le nom de cet homme, c'est pour préserver sa vie privée, il n'appartient pas à la téléréalité ou au monde de la télé, c'est quelqu'un de discret et je ne veux pas l'exposer. Mais Hugo et lui se connaissent et se voient. Mon fils ne l'a pas rejeté, il sait que c'est son papa et il a toujours eu une place dans sa vie. De toute façon Hugo a un cœur très généreux, il en m'en donne tous les jours la preuve. Il a toujours été comme ça, même avec les autres enfants. Un jour qu'il était malade et que j'avais dû l'emmener à l'hôpital, en attendant notre tour, il a remarqué une petite fille qui pleurait. Pour la consoler, il lui a donné tout son paquet de chips. C'est un enfant à l'esprit ouvert qui va naturellement vers les autres.

J'ai donc décidé d'assumer seule la situation, d'être une mère célibataire et de ne rien exiger de qui que ce soit, pas de jugement, pas de pension, rien. C'est comme si j'avais fait un bébé toute seule. Hugo porte mon nom et je trouve que c'est parfait. Au moins, quand je pars en voyage, je n'ai pas à demander à quelqu'un qu'il me signe une autorisation de sortie du territoire.

J'ai vite appris que j'attendais un garçon. Au début, je ne sais pas pourquoi, je m'étais mis dans la tête que je préférais avoir une fille et quand je parlais du bébé, je disais toujours « elle ». À l'échographie, mon gynéco a pu voir rapidement que c'était un garçon. Il m'a demandé :

– Pourquoi dites-vous toujours « elle » ?

– Parce que je pense que c'est une fille !

– Ses petits testicules sont descendus, vous attendez donc un petit garçon !

Je n'ai pas été déçue. Et maintenant, quand je

vois Hugo, ou quand je pense à lui, je suis vraiment convaincue qu'il est vraiment un cadeau du Bon Dieu !

En dépit du fait que j'étais sûre de ma décision et que je me réjouissais de la nouvelle, j'avais quand même très peur d'annoncer à mon père que j'attendais un enfant et que je serais seule à m'occuper du bébé. J'ignorais comment il allait réagir… J'ai proposé à ma grande sœur de l'appeler pour qu'il vienne nous rejoindre, puis j'ai ajouté : « Donne-lui le test de grossesse, il s'apercevra qu'il est positif et tu lui assureras que c'est toi qui es enceinte… ». Ma sœur, qui avait déjà trois enfants, a fait ce que je lui demandais. Mon père a vu le test et il s'est exclamé : « Ah, tu attends un petit quatrième ? » J'ai sauté sur l'occasion et j'ai crié : « C'est moiiiii !!! » Mon père m'a regardée et j'ai ajouté très vite : « Je suis toute seule.

– Mais tu es bête ou quoi ? Nous sommes là ! »

Il ne m'a jamais posé de question, ni à ce moment-là ni après, il ne m'a pas mis la pression pour savoir qui, comment, quoi… Il m'a simplement dit : « On est là… » et d'un coup, la vie m'a semblé plus légère, j'ai commencé à envisager l'avenir différemment.

J'ai pris 25 kilos pendant ma grossesse ! Je me gavais de chocolat Kinder country et de Kiri. J'étais difforme, j'avais un cul pas possible et des seins qui explosaient ! Il faut arrêter de dire que la grossesse ce n'est que magnifique, et neuf mois, c'est long, très long ! Bien sûr, on est sur un petit nuage, impatiente de découvrir à quoi ressemblera le bébé. On sait bien que l'on est en train de vivre la plus belle des aventures et que c'est magique de donner la vie. J'étais convaincue que c'était la plus grande expérience de mon existence et je savourais chaque minute qui me séparait de la naissance de Hugo. J'avais le cœur en joie, mais ça ne m'empêchait pas parfois de regretter mon corps et mes formes d'avant, d'avoir envie d'une coupe de champagne et de refouler mon envie parce que ce n'était pas bon pour la santé du petit. Je rêvais de décompresser, de cesser de me surveiller. Vers la fin, je n'en pouvais plus et dois l'avouer, comme beaucoup de femmes, il m'est arrivé de détester ma grossesse. Ça n'a pas duré longtemps, c'était juste un mouvement d'humeur, mais c'est vrai qu'il y a des désagréments qui, à la longue, finissent pas peser. La fatigue, devoir se lever toutes les trois minutes pour aller faire pipi parce que le bébé appuie sur la vessie, à force, ça devient pénible. J'ai l'air de me plaindre, mais je plaisante, tant aujourd'hui ces souvenirs sont pour moi associés au bonheur d'avoir accueilli Hugo au bout de ces neuf mois.

J'étais à terme le 8 décembre 2011, j'ai accouché le lendemain, le 9. Il était bien au chaud, il ne voyait pas l'intérêt de sortir… J'avais hâte d'être délivrée et de voir la tête de mon fils. J'ai eu une péridurale et il est arrivé. C'était un beau bébé, tout rose et tout propre. C'était ma hantise qu'il soit recouvert d'un truc gluant, mais pas du tout, et il n'était pas fripé, sa tête et sa bouche étaient belles, il avait ces yeux bleus… Au premier regard, j'ai su qu'il serait pour toujours le grand amour de ma vie, ma priorité, ma raison d'exister. Vraiment, il était magnifique ! Il pesait 3,250 kilos et mesurait 49,5 centimètres. En le voyant, je me suis demandé comment je pouvais avoir eu tout ça dans mon ventre ! Quand il est sorti, on me l'a donné, je l'ai dévisagé et ça a été immédiatement le coup de foudre. Aussitôt, je me suis mise à pleurer. Ça allait au-delà de l'émotion, c'était mon sang, ma chair. À la naissance, comme tous les bébés, il a crié et m'a regardée en fronçant un peu les sourcils. J'imagine qu'il a reconnu le son de ma voix parce qu'il a suffi que je lui parle pour qu'il s'arrête de pleurer. Aussi incroyable que cela paraisse, Hugo est un bébé qui n'a jamais crié, pas plus quand il avait faim que quand il était fiévreux. Il se manifestait pour réclamer son biberon, mais jamais en poussant des hurlements, comme beaucoup de nourrissons.

Passé le stress de l'accouchement, tout me semblait naturel. J'effectuais les bons gestes avec une assurance étonnante, comme si Hugo me guidait et me soufflait à l'oreille ce que je devais faire. Ou comme si j'avais toujours su ce que je devais faire. J'avais l'impression d'être sur un petit nuage à des milliers de kilomètres de l'univers de la téléréalité, j'étais comblée. Mon fils m'a fait grandir, mûrir, il m'a apaisée. J'ai toujours eu la tête sur les épaules, mais avec lui je peux vous dire que ça marche droit à la maison. Peu après sa naissance, je me suis fait tatouer sur le poignet une phrase de la magnifique chanson de Teri Moïse « Je serai là ». Cette phrase dit : « Tout a changé, le jour où je t'ai donné la vie. » C'est exactement cela, je le pense profondément.

Chaque fois que je regardais mon fils, je pensais que nous étions nés sous une bonne étoile tous les deux, que nous avions un ange gardien qui nous protégeait. Je ne croyais pas si bien dire…

Un matin, alors que j'attendais les visites à la maternité, j'avais décidé de profiter du sommeil de Hugo pour me doucher en veillant bien à laisser la porte de la salle de bains ouverte. Je lui avais donné son biberon, il avait fait son rot, et je l'avais déposé dans un grand couffin posé sur son berceau dans la chambre où il s'était paisiblement endormi. J'ai commencé à me déshabiller et brusquement, prise d'un pressentiment terrible, sans savoir exactement pourquoi, je me suis mise à crier : « Mon fils ! » Je suis sortie en trombe et j'ai couru vers la chambre. J'ai aperçu sa petite tête dans le couffin, je me suis approchée, il était tout bleu ! J'ai hurlé pour appeler les sages-femmes tout en tapant dans son dos et, soudain, dans un hoquet, il a tout recraché. Il avait eu un reflux et, à cause du clapet qui ferme l'œsophage et qui n'était pas encore assez fort, le lait du biberon était remonté dans sa gorge. Là, j'ai pensé qu'il aurait suffi que je rentre directement dans la douche et que j'en ressorte cinq minutes plus tard pour que mon fils ne soit plus là aujourd'hui… Il n'y a pas de hasard, nous avons été protégés tous les deux, et je sais par qui… par mon grand-père ! Hugo porte mon nom de famille, Neten, qui est le nom de mon père et de mon grand-père Marcel. Il s'appelle donc Hugo, Marie – pour la Sainte Vierge – Kévin – pour le parrain –, Marcel – pour mon grand-père. Donc sur ses papiers, ça donne : Hugo, Marie, Kevin, Marcel Neten !

Mon grand-père était chauffeur-livreur et il est parti en 2002, j'avais alors 17 ans. Il avait été opéré du cœur et, depuis son opération, il ne sortait plus de chez lui. Petite fille, une fois par semaine, j'allais lui rendre visite, et il avait toujours un geste gentil ou une petite pièce pour moi. Je l'aimais vraiment beaucoup. C'est ma grand-mère qui m'a annoncé sa mort, mon père était à mon côté et, pour la première fois, je l'ai vu pleurer. Ça m'a fait un choc parce que, comme je l'ai déjà dit, ce militaire de carrière, souvent absent, était un homme costaud, fort, autoritaire. Même si mon père aime ses enfants, il ne nous l'a jamais dit. Il est vrai aussi que de nos jours les parents ont plus de facilités à exprimer leurs sentiments, à dire « Je t'aime » à leurs enfants, c'est une question d'époque… Depuis que mon père est à la retraite, j'ai une vraie relation père-fille avec lui. Avant, j'étais sur la réserve, aujourd'hui, je ne crains plus de lui téléphoner, de lui demander un renseignement ou un conseil, mais ça n'empêche pas que j'ai toujours peur de lui ! Je ne risque pas de l'envoyer promener ou de lui dire de la fermer… Rien que d'y penser, je suis terrorisée, je n'ose même pas imaginer ce qui se passerait…

Il arrive souvent que les grands-parents soient plus tendres avec leurs petits-enfants qu'ils ne l'ont été avec leurs propres enfants. C'est exactement ce qui se passe avec mon père. Avec Hugo, c'est papy poule ! Il va le chercher à l'école, il l'emmène au football, tout ce qu'il n'a pas pu faire avec nous… C'est tellement beau de le voir avec son petit-fils !

En plus de mon père et de toute ma famille, désormais, Hugo a aussi Philippe pour veiller sur lui. Même si Philippe, mon compagnon depuis octobre 2015, vit à Monaco, nous nous sommes organisés pour mener une vie de famille très organisée. Pour mon plus grand bonheur, nous formons une famille recomposée où tout le monde s'entend parfaitement bien. Mon fils est très heureux, très épanoui, et comme il est aussi très intelligent, du haut de ses cinq ans, voici ce qu'il m'a chuchoté à l'oreille un jour où il a surpris des gens en train de se bagarrer dans un magasin : « T'as vu ? Le papa et la maman, ils se disputent tout le temps ! Heureusement, c'est pas comme ça chez nous… » C'est vrai qu'avec mon chéri, je tempère, j'évite les éclats. Le problème, c'est que je veux encore et toujours avoir le dernier mot, alors, sans crier, il me dit : « Arrête… » et en effet, j'arrête.

J'ai rencontré Philippe à Liège, on se croisait dans les soirées, c'était un copain, une relation amicale. Un jour, je suis tombée sur lui dans son quartier. Il m'a invitée à prendre un café et, comme je savais qu'il était depuis peu célibataire, j'ai accepté. Au fond je l'ai toujours beaucoup aimé. C'est un ancien champion de foot dont je n'ai pas tardé à tomber amoureuse. Il m'a offert une épaule protectrice, une écoute bienveillante, une forme d'équilibre. Ce qui importe pour moi, c'est la façon dont un homme se conduit en société, son assurance. Je ne lui demande pas d'être un comique, d'avoir toujours de l'humour. On ne peut pas avoir Gad Elmaleh à la maison tous les soirs… Je préfère qu'il soit protecteur et si possible qu'il ne soit pas jaloux. Philippe ne l'est pas, ce qui est parfait, parce que moi… je le suis pour deux ! Ce n'est pas pour autant que je fais un scandale en public quand quelque chose me déplaît, au contraire, je ne dis rien et je me mords les lèvres, mais en revanche, une fois en tête à tête, je ne me gêne pas pour exiger des explications.

À un moment, sous prétexte que l'on se connaissait depuis longtemps, la rumeur a couru qu'il était le père de mon enfant, alors même que nous ne savions même pas qu'un jour nous serions ensemble. À l'époque de *Secret Story*, il n'y avait pas encore tout ce qui circule aujourd'hui au travers de Twitter, Instagram, Steam Chat. J'avais une page sur Facebook, mais rien de plus. Je ne pensais pas que les insultes et les attaques personnelles allaient se multiplier et atteindre un tel niveau. Certains commentaires n'étaient pas très gentils pour moi, mais en moyenne, sur Facebook, c'étaient plutôt des messages positifs. C'est quand j'ai commencé *Les Anges de la téléréalité* que tout a dégénéré. Au début, ce n'était que de la méchanceté, plus tard, c'est devenu de la haine…

– 7 –

Le jour où j'ai dû manger une araignée !

Ma dernière aventure avec les *Anges* s'est déroulée au Brésil, et je dois avouer que je n'ai pas du tout aimé cette saison 7, elle a été, en ce qui me concerne, catastrophique ! Je n'ai aimé ni le pays ni la ville de Rio, qui m'ont beaucoup déçue par la misère qu'on peut y voir. Le plus pénible pour moi, c'était de vivre dans un climat d'insécurité permanent. Je ne pouvais pas laisser mes vêtements sur la plage parce qu'il y avait de grandes chances qu'ils soient volés, et puis il y avait sans arrêt des règlements de comptes entre les gangs des favelas, ces immenses bidonvilles situés aux alentours de Rio, constitués de milliers d'habitations faites de planches, de tôles et même parfois de cartons, avec des bâches en plastique à la place du toit. À l'intérieur de ces favelas, c'est la loi de la jungle, on entendait souvent retentir des coups de feu. Un tiers de la population de Rio est concentré dans ces taudis insalubres, et c'est terrible de voir les gens vivre dans ces conditions. Il n'y a que la visite du Corcovado, la statue du Christ située sur un piton à 700 mètres de haut au-dessus de la ville, qui a été un moment magique. Cette saison-là, il n'y a eu que des problèmes ! La maison que nous occupions était magnifique, mais vétuste : avec la chaleur et l'humidité, la cuisine était dans un état lamentable, les frigos nous plantaient tous les trois jours. Chaque fois qu'ils tombaient en panne, il fallait les changer, on avait souvent des coupures d'eau chaude… J'ai attrapé une bronchite, puis une grippe assez carabinée pour qu'on m'envoie à l'hôpital prendre un traitement adapté. Évidemment, les téléspectateurs n'ont rien vu de tout ça pendant les diffusions, impossible pour les producteurs de montrer des candidats avec le nez qui coule et en train de tousser comme des malades…

J'ai tiré la leçon de cette dernière participation, j'ai pris rendez-vous avec la production et j'ai expliqué aux responsables : « Pour moi, c'est terminé, j'arrête *Les Anges*, j'en ai fait le tour. Je n'ai plus la même envie qu'au début, il vaut mieux que je fasse une pause, peut-être pour mieux reprendre plus tard. » Quelques jours après cette mise au point, j'ai reçu un appel de Thibault Vales, le fondateur de « La Grosse Équipe », la boîte qui produisait *Les Anges*. Je me suis toujours bien entendue avec lui et il a toujours été très gentil avec moi. Plus d'une fois, dans les journaux, il a vanté mes qualités en déclarant que j'étais *Le personnage emblématique des Anges* et en ajoutant qu'en plus j'étais *quelqu'un de populaire et d'attachant.* À la suite de mon refus de poursuivre l'aventure avec les *Anges*, Thibault Vales m'a alors proposé de participer à *Friends Trip 2* diffusé sur NRJ 12 et dont le tournage allait juste débuter : « Je sais que tu as aimé la première saison, ça t'intéresserait de participer à l'émission avec tes amis ? » J'ai tout de suite répondu oui.

Je n'ai pas hésité, car le tournage était court, trois semaines, et que je partais avec mes vrais amis, ceux qui l'étaient depuis longtemps dans ma vie. Et puis cette fois, c'était un jeu avec des épreuves, et cela, pour moi, ça changeait tout !

Avec deux de mes meilleurs amis belges, Jessica et Romain, on s'est envolés pour Miami, où nous avons commencé le jeu avant de le poursuivre dans les Keys et enfin aux Bahamas. Pas très loin de Miami, je savais qu'il y avait le parc national des Everglades que les Indiens faisaient visiter grâce à des bateaux sur coussins d'air ; il s'agit de centaines de kilomètres de marécages où sont rassemblés un nombre incroyable d'oiseaux ainsi que d'innombrables crocodiles. Les Keys, c'est très différent : c'est un archipel comptant un bon millier d'îles, situé dans le détroit de Floride, qui relie l'Atlantique au golfe du Mexique. Je m'étais renseignée et j'espérais bien partir à la découverte de Key West, une ville très colorée pleine de maisons de l'époque coloniale. Malheureusement, nous sommes tombés à un moment où il ne faisait pas beau. Certains jours, le temps était détestable et nous n'avons pas pu en profiter vraiment.

Nous étions quatre équipes composées de trois personnes. Le capitaine de chaque équipe était une vedette de la téléréalité, les deux autres candidats étaient des anonymes. Tous les jours, il y avait une épreuve sportive ou mentale, quand on la gagnait, la cagnotte de l'équipe augmentait, mais si on perdait, elle diminuait d'autant. Ce que nous redoutions le plus, c'était l'épreuve éliminatoire qui avait lieu chaque semaine, quand l'équipe perdante s'en allait et était alors remplacée par une nouvelle. C'était éprouvant aussi bien physiquement que moralement. Très vite, on se prenait au jeu et l'adrénaline montait, chacun se battait de toutes ses forces pour ne pas sortir, mais aussi pour gagner un maximum d'argent. L'épreuve mentale consistait à surmonter sa peur ou sa répulsion. Plus que le physique, c'était l'intelligence et la force mentale qui faisaient toute la différence. Et de la volonté, il en fallait pour s'allonger au milieu des rats, manger des testicules de mouton bouillis ou croquer dans une araignée !

La première épreuve était un grand classique : tenir en équilibre le plus longtemps possible sur une barre, et on a réussi ! Puis il y a eu celle des bacs percés. On devait porter de l'eau dans de grands récipients en fer au fond troué et rejoindre une bassine dans laquelle on versait ce qui restait de liquide. C'était ceux qui avaient conservé le plus d'eau qui gagnaient, et là, on a perdu ! Nous étions en pleurs parce que nous nous étions pourtant surpassés. On s'investit totalement dans ce genre de jeu… Nous allions donc abandonner quand l'arbitre nous a annoncé qu'une autre équipe partait et que, d'après le règlement, nous pouvions prendre sa place et réintégrer l'aventure. La semaine d'après, ce fut une belle revanche, car nous sommes arrivés les premiers. L'épreuve consistait à déplacer une grosse quantité de sable jusqu'à un bac situé plus loin en se servant uniquement du corps de l'un d'entre nous. C'est mon amie Jess que nous avons choisie : nous avons entassé du sable sur sa poitrine, son ventre, partout où c'était possible, puis nous avons dû la transporter jusqu'au bac afin d'y déverser le sable qui n'était pas tombé de son corps pendant la course.

Mais pour moi, le souvenir le plus incroyable de *Friends Trip*, c'est quand j'ai dû affronter ma phobie des araignées en mangeant une tarentule. C'est fou, mais j'ai réussi, ma phobie, je l'ai mangée ! À partir de là, je me suis vue d'un autre œil…

L'épreuve « Prédator » a eu lieu dans le parc des Everglades. Sur une table en plein air se trouvaient trois assiettes ainsi que des aliments mystères cachés sous une feuille de bananier. Une pour Romain, une pour Jess, une pour moi. L'animateur nous a tout de même prévenus de ce qu'on allait découvrir, et j'ai aussitôt pensé : « C'est pas vrai ! Ils ne m'ont pas fait ça ! » C'est moi qui ai soulevé la feuille, et je suis restée scotchée, j'avais sous les yeux une tarentule, cette grosse araignée qui ressemble à une mygale, et des criquets ! La tarentule avait un corps énorme, de grosses pattes velues et repliées, elle était pleine de poils et, même si c'est totalement absurde, je n'ai pas pu m'empêcher de penser : « Ils auraient quand même pu l'épiler ! », tant elle me semblait répugnante. J'avais l'impression que ses yeux me fixaient. Je suis restée figée, me demandant comment j'allais pouvoir avaler tous ces trucs. Certes, l'araignée et les criquets étaient morts, mais, pour moi, ça ne changeait pas grand-chose… l'idée de les avaler était horrible. Et soudain, comme d'habitude, j'ai piqué ma crise. En pleurant, j'ai balancé des noms d'oiseaux à la tête des organisateurs, qui ont tout de suite coupé les caméras… Mes cris ne les dérangeaient pas parce que j'étais parfaitement libre de ne pas manger ces bestioles. Le choix me revenait, mais si je refusais de le faire, je perdais 1 000 euros sur les 3 000 qui devaient venir grossir notre cagnotte. Alors, j'ai séché mes larmes et je me suis dit : « Allez, hop, on oublie tout, on fonce ! » Mais j'ai eu beau m'encourager, je ne pouvais pas. Romain et Jessica m'observaient, et je ne voulais pas les décevoir ; nous n'avions que deux minutes pour terminer nos assiettes. J'ai dû aller chercher tout au fond de moi des réserves de courage pour surmonter mon dégoût et ma répulsion. Pour y arriver, j'ai pensé à mon fils, je me suis fait un film, j'ai imaginé qu'il était en danger. Avaler ces horreurs, c'était la seule solution pour le sauver. Pour m'encourager, je me répétais : « Hugo, Hugo, Hugo ! » Il n'y a vraiment que lui qui puisse me permettre de me dépasser en toutes circonstances.

J'ai commencé par les criquets, qui n'avaient en fait pas trop de goût, ils étaient plutôt croustillants, beaucoup moins mauvais que je ne l'avais imaginé. En me voyant, Jessica a alors voulu suivre mon exemple, mais cette dégustation ne s'est pas révélée du tout à son goût, même si elle m'a raconté par la suite qu'elle avait tenté de se persuader que le criquet avait le goût d'un hamburger… À voir la façon dont elle se remuait dans tous les sens, il est clair que les bébêtes lui restaient coincées dans la gorge. Romain, lui, en revanche, s'est mis à gober les criquets trois par trois, comme s'il s'était agi de « frites », ainsi que l'a déclaré ensuite Jessica qui n'en est pas revenue de l'avoir vu engloutir ces insectes tout rond à une cadence infernale. Puis est arrivé le moment fatidique où il lui a fallu s'attaquer à l'araignée… C'est Romain qui s'y est collé le premier. Après avoir croqué dans le corps de « sa » tarentule, il s'est mis à se dandiner sur place avec de grands gestes des bras. Puis, pour se concentrer, il a fermé les yeux. Visiblement, il n'en menait pas large… Je le regardais avec inquiétude : si même lui avait du mal avec l'araignée, qu'est-ce que cela allait être avec moi ! Pendant ce temps, le chronomètre tournait…

Alors j'ai commencé à attaquer les pattes de l'araignée. Comme je l'avais fait avec les criquets, j'ai essayé de mâcher sans réfléchir. J'ai oublié les poils et le reste, et j'ai réussi à les avaler. Mais pour le corps, ça a été une autre histoire ! Je n'avais qu'une solution : croquer dedans à pleines dents, et, quand j'ai planté mes dents dans le ventre de la tarentule, je me suis retrouvée avec un jus épais, amer, écœurant dans la bouche ! J'étais sur le bord de vomir. Alors je me suis motivée à mort et j'ai tout avalé… ou presque. Romain avait réussi à venir à bout de sa bestiole, aussi nous avons levé les bras pour montrer qu'on en avait fini avec cette épreuve. Nous étions à une minute trente du temps imparti… Le meneur de jeu a vérifié l'intérieur de ma bouche et de celle de Romain. Il a déclaré que la mienne n'était pas complètement vide et, en râlant, dans un dernier sursaut, j'ai avalé les derniers morceaux coincés entre mes dents, puis j'ai tiré le plus possible ma langue pour bien montrer qu'il n'y avait plus rien.

Désormais, le problème, c'était Jessica… À ce stade du jeu, elle avait à peine mordillé dans son araignée et mangé deux ou trois pauvres criquets. Elle risquait de nous faire perdre. J'ai cherché tout ce qui pourrait la réconforter, je lui ai fait valoir notre amitié, l'esprit d'équipe, je lui ai parlé de la cagnotte, des super vacances que nous allions prendre si nous gagnions, je lui ai même demandé de penser à mon fils… Mais l'épreuve était au-dessus de ses forces, Jessica, malgré tous ses efforts, a senti que son estomac n'en supporterait pas plus et elle a fini par recracher les morceaux restés dans sa bouche. J'étais furieuse, pensant que si j'avais réussi à vaincre ma phobie des araignées, elle aurait pu y arriver elle aussi ! Je me suis mise à crier après elle, j'étais hors de moi. On me connaît, je suis bouillante, mais ça ne dure jamais longtemps. Jessica n'a pas réussi à prendre le dessus, elle a perdu, je ne vais tout de même pas lui en vouloir toute ma vie. Dès que le jeu est terminé, chacun prend du recul… Nous avons perdu 1 000 euros à cause de l'échec de Jessica, mais comme Romain et moi nous étions arrivés à venir à bout de l'épreuve, nous en avons tout de même empoché 2 000. C'était mieux que rien !

Il y avait également dans ce jeu une élection du meilleur ami ; je suis arrivée en finale et, à une voix près, je l'emportais… C'est Mallory, de la team Nicolas, qui a été élue meilleure amie de *Friends Trip 2*. La cagnotte était initialement de 19 000 euros, mais elle a été doublée grâce aux votes du public. Elle a donc remporté 38 000 euros, qu'elle a partagés avec trois personnes. Bien sûr, j'aurais préféré gagner, mais j'étais vraiment heureuse pour Mallory, car je savais qu'elle avait davantage besoin de cet argent que moi…

Une nouvelle fois, ma participation à un jeu de téléréalité s'achevait. C'était en 2016 et l'émission a réalisé des audiences sans précédent sur NRJ12.

– 8 –

Moi, une mère indigne ?

Des millions de personnes me suivent sur Facebook, Twitter, Instagram, WhatsApp, et pourtant je n'ai pas peur de le dire, les réseaux sociaux peuvent être la plus horrible et effrayante des choses !

À chacun de mes voyages au bout du monde, mon fils a participé à l'aventure. Il était impensable pour moi de m'en séparer, d'ailleurs ça ne m'est même pas venu à l'esprit. J'ai un besoin viscéral de toujours l'avoir auprès de moi. Sur place, que ce soit en Floride, à Hawaï, au Brésil ou ailleurs, quand je tournais, il n'était jamais confié à une inconnue ou à une nounou locale, mais entouré par mes proches : mes parents, ma sœur, mon beau-frère, ou une amie. Tous faisaient le déplacement spécialement pour s'occuper de Hugo afin qu'il ne soit pas perturbé ou dépaysé. Les productions savaient que sa présence n'était pas négociable, ce n'était pas la peine de discuter, c'était les deux ou rien, à prendre ou à laisser. J'ai des photos de mon fils dans chaque ville et chaque pays où je suis allée. Il a voyagé dans les meilleures conditions dans de confortables avions, il a résidé dans les plus beaux hôtels, s'est promené dans des paysages de rêve, il s'est baigné sur des plages paradisiaques. Combien de fois m'a-t-il dit : « Tu as vu maman comme c'est beau ici ? » Hugo a énormément appris pendant tous ces déplacements, des déplacements qu'il a toujours effectués avec l'accord et la bénédiction préalables d'un pédiatre, d'un enseignant, même si mon fils n'était qu'en maternelle, et pourtant… que lisait-on et que continue-t-on à lire sur les réseaux sociaux ? « Amélie est une mère indigne qui trimballe son gosse ! » Donc, si je comprends bien, si je n'emmène pas mon fils, je suis une mère indigne, et s'il part avec moi, je suis quand même une mère indigne ! Quand je pense au nombre de gens qui adoreraient avoir la chance de voyager avec leur enfant, ça me rend malade !

Quand on regarde la définition de « parent indigne » dans le dictionnaire Larousse, on lit : *qui n'est pas digne de sa fonction, de son rôle, en raison de la façon dont il ou elle s'en acquitte.* Si on cherche des synonymes à indigne, on trouve : *abominable, dégradant, honteux, immoral, odieux*… Moi, je prétends qu'une mère indigne, c'est une mère qui qui maltraite ses enfants physiquement, moralement, qui les met en danger ou fait passer son intérêt avant leur bien-être. Quel rapport avec moi, à quel moment me suis-je comportée de cette façon avec Hugo ? Moi qui mets un point d'honneur à ce que mon fils ne manque de rien, soit gentil, poli, attentif aux autres et travaille bien à l'école. Qu'ils me répondent, tous ceux qui me dénigrent ! Pourquoi n'aurais-je pas le droit d'emmener mon fils quand je travaille ? Ça m'est interdit parce que je suis une mère célibataire ?

Quand j'ai lu toutes ces horreurs sur les réseaux sociaux, j'ai essayé de garder la tête froide et j'ai été tentée de répondre en faisant une capture d'écran des articles écrits sur les mères indignes, ou pire encore des criminelles, de celles qui ont mis leur bébé dans un four ou qui ont ébouillanté leurs enfants dans des bains. Elles, ce sont des mères indignes, mais qu'ai-je en commun avec des femmes irresponsables ou méchantes ? Moi, je suis une mère indigne parce que Hugo a découvert le monde à mon côté ? Parce que tous les soirs en voyage il me disait « Maman, je t'aime ! » ? Parce qu'il est heureux de découvrir de nouvelles cultures, d'apprendre de nouveaux mots dans une autre langue ? Quand nous sommes allés en Thaïlande en juin 2016, je débutais comme présentatrice dans une émission produite par « 909 Productions », et qui s'appelait *Les Ex*. Le tournage durait un mois et demi, mais me laissait beaucoup de temps libre. Quand on m'a proposé cette nouvelle aventure, la première chose que j'ai faite, c'est de prévenir l'institutrice de Hugo, je voulais la voir pour lui demander s'il pouvait partir avec moi sans que cela perturbe sa scolarité. Elle m'a répondu : « Les enfants sont déjà presque en vacances. L'école ferme dans deux semaines, il n'y a pas de souci, surtout à son âge. Bon voyage ! » Ma sœur nous a rejoints ainsi que Philippe, mon compagnon, et son fils de 8 ans. J'étais ravie de leur arrivée, Philippe me manquait et puis j'ai toujours eu l'esprit de famille, je ne me sens jamais aussi bien que lorsque ma petite tribu est auprès de moi.

Au début, j'étais stressée par ce nouveau rôle d'animatrice, mais je me suis investie à fond et tout s'est très bien passé. Entre deux tournages, je pouvais profiter de la Thaïlande avec ma famille. Koh Samui est une petite île tropicale, on en a vite fait le tour, mais c'est très dépaysant. C'est là que Hugo a appris à nager tout seul, il a enlevé ses brassards et depuis, il nage comme un poisson. Je lui ai fait découvrir les petits singes, les éléphants du pays, la culture et la nourriture thaïlandaises. J'ai beau me creuser la tête, je ne comprends pas… C'est ça, être une mère indigne ? Je ne comprends pas pourquoi certains m'en veulent à ce point de me voir me déplacer toujours avec mon enfant, et prétendent que je l'expose et profite de lui. Non. Je contrôle l'image de mon fils et je contrôle mon image avec lui ! Ce qui m'importe plus que tout, c'est de le protéger.

On m'a reproché d'apparaître avec Hugo dans un magazine qui a publié des photos de nous lors de ce voyage en Thaïlande. Contrairement à ce qu'on a pu dire, je n'ai pas vendu ces photos, elles ont été récupérées sur les réseaux sociaux. Je les avais postées, c'est vrai, parce que je suis une maman et que, comme toutes les mamans, je suis fière de partager les beaux moments que je vis avec mon fils, mais j'avais veillé à ce qu'il ne soit jamais vu de face ou alors, quand c'était le cas, il était flouté ou avait des lunettes qui cachaient ses yeux. Il suffit d'aller sur Facebook, pour voir le nombre de mères qui font la même chose... Ce sont les magazines people qui, sans me demander mon avis ou mon autorisation, se sont emparés de ces photos et ont choisi de les publier, moi, ça ne m'a rien rapporté, pas le moindre euro et cela ne me serait pas venu à l'idée ! De toute façon, tôt ou tard, ce genre de photos finit par se retrouver dans un journal people. Les paparazzi passent leur temps à traquer les personnes qui peuvent leur faire gagner de l'argent. Dès que l'on quitte une maison, mais aussi dans les rues ou chez les commerçants, il en surgit de partout. Pour avoir la paix, beaucoup de stars préfèrent vendre directement leurs photos de famille à un magazine. Le seul moyen de stopper la traque des paparazzi, c'est que leurs clichés ne valent plus rien. Pour ça, il faut leur couper l'herbe sous le pied et les devancer en monnayant ses propres photos, de jolies photos de préférence. Moi, j'ai préféré les partager sur les réseaux sociaux, ce qui revient au même, sauf que c'est gratuit et que ça ne me rapporte rien, sinon un peu de tranquillité.

Comprendre comment fonctionne la presse people et ceux qui l'alimentent ne permet pas pour autant de neutraliser les réseaux sociaux.

À force de lire toutes les horreurs, les pires rumeurs qui sont publiées à mon sujet, ça me révolte. C'est parce que je m'appelle Amélie Neten, que j'ai participé à *Secret Story* et que je suis une figure emblématique des *Anges de la téléréalité*, que je dérange ? Je suis fatiguée de devoir constamment me justifier pour me laver d'insultes que je ne mérite pas. Parfois, je m'énerve, je suis tellement en colère qu'en guise de réponse je ne peux faire autrement que balancer toutes les injures qui me passent par la tête. Très vite, ça dégénère, et l'affrontement tourne à la guerre. C'est pourquoi je mets les choses au point – tranquillement, posément – aujourd'hui.

Hugo, mon fils, est un petit garçon heureux, sensible, parfaitement bien élevé. Un simple regard de ma part et il comprend tout de suite. Je n'ai jamais besoin de hausser la voix avec lui. Alors quand tous ces malveillants, en embuscade derrière leur écran, balancent leurs saletés, je leur en veux à mort ! Je voudrais hurler à tous ces gens : « Mais qui êtes-vous pour affirmer que je suis une “hystérique”, une “tarée”, une “mauvaise mère” ? C’est trop facile de vous cacher derrière votre ordinateur pour écrire vos monstruosités ! »

Parfois, j’aimerais pouvoir aller frapper à la porte de l’un d’entre eux et pouvoir lui dire, les yeux dans les yeux : « Qui es-tu, toi qui m’insultes continuellement ? Qu’est-ce que tu fais de ta vie pour juger de la mienne ? Quels exploits as-tu réalisés ? Tu n’es qu’un lâche, tu te crois meilleur, plus malin que tout le monde ? »

Il y a encore dix, quinze ans, la téléréalité ne suscitait pas autant de commentaires, ses détracteurs ne proféraient pas des paroles aussi méchantes et brutales qu’aujourd’hui. Ce déferlement de haine a commencé en 2011, avec le début des *Anges de la téléréalité*. Les réseaux sociaux ont pris de l’ampleur, et tout est parti en vrille. Pour ma part, je n’ai toujours eu qu’une envie en publiant des photos sur le Net, c’est de faire passer de beaux messages, de partager de belles images. Aujourd'hui, dès qu'un participant à une de ces émissions sort du lot, qu'il ou elle a une personnalité qui provoque des réactions épidermiques, c'est la mise à mort. Toute cette surenchère m'affole et me fait peur… Il y a des jours où je me prends même à regretter d'avoir autant de fois participé aux *Anges de la téléréalité*. Puis je me souviens de tout ce que j'y ai découvert, de tout le chemin parcouru, et je me dis : « Mais non, je ne regrette rien, rien du tout, parce que j'y ai trop gagné et j'ai pu en faire profiter mon fils et ma famille ! »

La production des Anges a toujours été adorable avec moi, Thibault Valès tout particulièrement a toujours pris des mes nouvelles, été attentif à mon bien-être et à celui de Hugo. Et bien réfléchi, vous savez quoi ? Si aujourd'hui ou demain des producteurs me proposent une nouvelle aventure et que je m'en sens capable, s'ils ne pensent pas que je suis trop « vieille » – parce que, pour les jeunes, avoir 31 ans, c'est pareil que d'en avoir 40 –, si une maison de production me demande de relever le challenge, que ça plaise ou pas, je prends mon fils sous le bras et je repars direct ! Je n'y vais pas, j'y cours !

– 9 –

Dis, maman, pourquoi ils sont méchants ?

Il y a une interaction entre les réseaux sociaux et la presse people, les journalistes lisent les commentaires qui te concernent et s'en inspirent pour inventer tout et n'importe quoi. À un moment, ils ont prétendu que la garde de mon fils m'avait été retirée. Cela avait beau être complètement faux et délirant, il a fallu que je me batte pied à pied pour que ce soit démenti, mais quoi que je fasse, il y en aura toujours pour croire que c'est la vérité, puisque « c'est écrit dans le journal ». Je peux bien sûr attaquer le magazine, mais il faut payer l'avocat, ça chiffre vite, et on n'est jamais absolument certain de rentrer dans ses frais. Je l'ai quand même fait en Belgique parce qu'un magazine avait diffusé des photos de moi et de Philippe, mon compagnon, ce qui en soi constituait une atteinte à la vie privée ; mais ce qui m'a décidée à porter plainte, c'était la teneur peu flatteuse de l'article que j'ai trouvée trop violente pour mon fils. Si je peux encaisser, je ne peux supporter l'idée que mon fils puisse subir les moqueries ou les critiques de ses petits copains parce que leurs parents auront lu des choses sur moi.

Plus rien ne m'étonne de la part des journaux people, qu'ils soient belges ou français, mais ce à quoi ils ne pensent pas, c'est à l'impact, aux répercussions que leurs « révélations » ont sur des esprits déséquilibrés, et par extension sur la vie de ceux que leurs rumeurs visent. À moins qu'ils ne s'en moquent, tant que les ventes montent en flèche...

Pendant ma grossesse, j'ai été obligée de prévenir la police que des paparazzi m'attendaient tous les jours en bas de chez moi. Un en particulier ne décollait pas et restait des heures à guetter ma porte pour voir quand j'allais sortir. Qu'est-ce qui lui trottait dans la tête ? Ça en devenait inquiétant. Quand on est enceinte, on est fragile, j'ai tout imaginé, et même que cet homme était peut-être un détraqué qui pouvait m'agresser. À la suite de mon appel au secours, une voiture de police a commencé à patrouiller, les policiers l'ont repéré et l'ont sommé de ne plus revenir. Mais auparavant, ce type avait sonné chez ma sœur. Comment avait-il réussi à trouver son adresse ? Mystère, mais un dimanche à 16 heures, il a tambouriné chez elle en disant : « C'est le facteur ! J'ai un colis pour madame Amélie Neten ! » Ma sœur est restée silencieuse, un facteur qui fait sa tournée un dimanche… Comme il n'avait obtenu d'autre réponse qu'un « quoi ? » formulé derrière la porte, l'homme a dû se douter que s'il insistait, ça tournerait mal. Il s'est enfui à toutes jambes, mais ça ne l'a pas empêché de continuer à m'épier jusqu'à ce que la police le décourage de recommencer.

Dans la vie, on croise parfois des détraqués, mais aussi des abrutis, ou encore de mauvaises personnes, quand ce ne sont pas de simples désœuvrés, bien décidés à se « payer » votre personne, pour peu que vous vous appeliez… Amélie Neten, par exemple… Voilà, c'est le revers de la médaille quand vous êtes devenu un personnage public. Il y a quelque temps, me trouvant à Paris, je devais prendre le train à la gare de Lyon avec Hugo. C'était à une heure de pointe, il y avait beaucoup de trafic et de gens qui traînaient leurs valises. Je sors du train et j'avance au milieu de la foule en tenant mon fils fermement par la main. Malgré toutes les personnes qui me précédaient, je repère de loin un groupe de jeunes, filles et garçons, âgés de 16 ou 17 ans et massés au bout du quai. En les surveillant du coin de l'œil, je m'apprête à les dépasser, mais quand j'arrive à leur niveau, une brune à l'air désagréable me regarde de bas en haut comme pour me provoquer. N'étant pas du genre à me laisser intimider, je soutiens son regard et je vois qu'elle se dirige vers moi. Je pense : « Ça y est ! Encore une qui va m'insulter. Qu'elle vienne, elle sera contente du voyage ! » Avant que j'aie pu réagir, la fille se penche à la hauteur de Hugo, l'attrape par l'épaule et lui demande sur un ton hypocrite, faussement aimable : « Tu sais que ta mère est une grosse connasse ? » Je n'ai pas réfléchi, j'ai vu rouge, les mots sont venus tout seul, je l'ai envoyée dans le mur aussitôt : « Toi, tu vires vite fait ta main de mon fils ! » Qu'on s'en prenne à moi, je ne le comprends pas mais je finis par m'y faire. Mais mon fils ! C'était intolérable. La bande avait dû préméditer son coup parce que l'un de ses copains filmait la scène avec son portable. Ils avaient dû me reconnaître de loin et espéraient sans doute me ridiculiser et faire le buzz en mettant la vidéo en ligne sur les réseaux sociaux. S'ils avaient imaginé que j'aurais peur, que je paniquerais et que je ne répliquerais pas, c'était mal me connaître… Je me suis tournée vers le gars qui enregistrait et j'ai hurlé : « Tu as raison, filme ! Ta pote, je vais me la payer, et cher ! » À ce moment-là, j'ai réalisé qu'il n'y avait pas que moi qui étais filmée, il y avait aussi Hugo. Je me suis avancée vers le gars et je lui ai arraché son portable des mains en lui criant : « Il y a mon fils sur ta vidéo pourrie, alors tu l'effaces immédiatement, ou ton portable, je l'explose en mille morceaux avant de m'occuper de l'autre, ta copine ! » On pourra encore raconter que ce n'était pas sympa de ma part ou je ne sais quoi, mais ça a eu le mérite d'être efficace. Il n'a pas discuté, je lui ai redonné le portable et immédiatement, il a fait ce que je lui demandais. Loin d'être intimidée, la fille brune me regardait avec un petit sourire ironique. Je me suis plantée devant elle : « On n'est pas à la téléréalité, ici ! Fais gaffe, je suis une maman lionne et si tu agresses mon lionceau, je te préviens, je te saute à la gorge ! Tu ne vas rien comprendre, parce que si tu continues à faire ton intéressante... » J'étais hors de moi et, à l'intonation de ma voix, elle a compris que je ne plaisantais pas. Elle a été saisie par ma réaction, elle croyait que j'allais avoir peur de sa bande et que je n'oserais pas lui dire en face tout le mal que je pensais d'elle. Elle est restée sur place, incapable d'articuler un mot, cherchant ce qu'elle pourrait bien me répliquer. Des policiers qui patrouillaient dans la gare ont entendu mes cris et ont compris qu'il se passait quelque chose d'anormal. Sans hésiter et à plusieurs, ils ont foncé vers nous et dès qu'ils ont été à proximité, les garçons et les filles sont partis en courant et ont disparu dans la foule.

Quand je m'étais adressée à la fille, je m'étais arrangée pour que Hugo ne voie pas la scène. Je l'avais fait pivoter sur lui-même pour qu'il regarde de l'autre côté, mais il était quand même étonné par toute cette histoire, par les cris qu'il avait entendus... Il m'a demandé tout surpris :

– Dis, maman, pourquoi ils sont méchants ?

– Ce n'est rien, mon bébé, c'est fini !

Je n'allais pas lui raconter tout ce que j'avais sur le cœur, que c'étaient des petits cons qui auraient dû réfléchir avant de s'en prendre à moi alors que j'étais avec mon bébé, et de m'injurier. Elle n'avait donc pas de petit frère ou de petite sœur, cette fille ? Elle aurait réagi comment, si quelqu'un s'en était pris à l'un d'eux ? Il faut quand même être sacrément demeuré pour parler de cette façon à un petit garçon de 5 ans. Sa mère fait des émissions de téléréalité ? Et alors, ça la range automatiquement dans la catégorie « grosse connasse » ? Et c'est moi qui démarre au quart de tour ? Ce sont des mots d'une extrême violence… Et quand bien même si c'était le cas, de quoi Hugo est-il coupable dans cette histoire ? C'est une raison pour l'apeurer et le perturber ? Il n'y a qu'un malade pour prendre à témoin un enfant de cet âge et agresser sa mère aussi vulgairement devant lui !

- 10 -

De la méchanceté à la haine…

Je suis probablement l'une des participantes les plus régulières des émissions de téléréalité, et à voir ce que publient la presse et les sites dits people, certains ne me l'ont pas pardonné. Ils doivent sans doute être persuadés qu'une vedette de la téléréalité est forcément bête et méchante, qu'elle ne voit pas plus loin que le bout de son nez et qu'à cause de sa stupidité elle se retrouve continuellement dans des situations impossibles, ridicules, embarrassantes ou scabreuses. C'est probablement ce que les journalistes et une partie du public imaginent à mon sujet, car j'ai beau mettre un point d'honneur à avoir une vie correcte et rangée, il y a toujours un article qui sort pour expliquer que je fais n'importe quoi. À l'origine de cet article, il y a souvent une personne malveillante qui ne trouve rien de mieux que de profiter de ma notoriété pour que l'on parle d'elle, une fille ou un garçon qui a participé à un jeu avec moi et qui se met à me critiquer gratuitement et publiquement. Comme j'ai la réputation de ne pas rester les bras croisés quand on m'attaque, et c'est vrai que ce n'est pas dans ma nature de rester silencieuse, je réagis aussitôt. Et la fulgurance de ma réponse crée d'emblée une polémique, ce qui est tout bénéfice pour celui ou celle qui profite de cette pub gratuite. Elle réplique à ma réponse, ça repart pour un tour, et pendant ce temps elle refait surface et revient à la une de l'actualité people…

Évidemment, au départ, je pourrais laisser dire et ne pas répondre, mais c'est courir le risque de la surenchère. Si quelqu'un assure que je suis une hypocrite et que j'ai dit du mal d'une personne derrière son dos, si je ne démens pas, je me retrouve avec deux ennemis au lieu d'un : la fille qui m'accuse et celle que, paraît-il, j'ai critiquée. De la même façon, si on affirme que je m'occupe mal de mon fils et que je ne réplique pas, tout le monde va penser que je me tais parce que c'est la vérité. Les commentaires vont être de plus en plus méchants et à un moment, ça va prendre une telle ampleur que je ne pourrais plus rien arrêter.

On peut penser que cette personne a franchement un mauvais fond pour me dénigrer ainsi alors que nous avons été proches pendant tout un jeu télévisé, mais il faut garder à l'esprit qu'il est très difficile d'avoir de vrais amis dans le monde de la téléréalité. Prétendre le contraire relève pour moi du fantasme. À la rigueur, on peut rester en contact avec quelques-uns, les revoir avec plaisir, mais en ce qui me concerne, ça ne va en général pas plus loin. Comme pour toute règle, il y a des exceptions : la belle amitié que j'ai nouée avec Maud, mais aussi avec Anaïs que je vois dès que je suis dans le Sud et que j'ai souvent au téléphone. J'entends certains qui se plaignent : « Amélie ? Elle ne nous appelle pas, elle ne sort jamais avec nous… » Je sais trop bien comment ça fonctionne, ce genre de sorties, les boîtes, l'alcool, le monde de la nuit… Eh oui, je suis maman, je vis en Belgique, je ne vais pas me déplacer tous les week-ends pour me retrouver dans cette ambiance de fête permanente, j'ai des responsabilités familiales. Sans compter que je ne me fais pas d'illusion sur ce milieu, quelles que soient tes affinités avec un garçon ou une fille, il y a toujours une arrière-pensée de sa part, une pointe de jalousie. Quand tu arrives à te faire une place à la télévision et à en vivre, il y a toujours des gens que ton parcours agresse… C'est triste à dire, je ne me l'explique pas, mais c'est comme ça.

Malheureusement, la mentalité belge ou française, ce n'est pas la mentalité américaine. Aux États-Unis, quand tu réussis, ton voisin, tout sourire, vient carrément te féliciter. On ne sent pas la même aigreur ou la même envie envers celui à qui les choses réussissent. Ton voisin, ça ne le gêne pas que tu gagnes bien ta vie, que tu aies une belle maison et que tu roules dans une superbe voiture, au contraire, il t'admire parce que c'est exactement ce qu'il rêverait d'avoir. Plus ça va, plus j'ai l'impression qu'en Belgique et en France, si tu affiches un peu trop ton succès, les gens finissent, quoi que tu fasses, par t'en vouloir, comme s'ils avaient le sentiment que ce que tu as aurait dû leur revenir. Ils peuvent même finir, pour certains, par te cracher à la figure, au sens propre dans la rue, ou au figuré via l'anonymat possible qu'offrent les réseaux sociaux. Comme ils ne peuvent pas s'en prendre à toi directement, ils s'en prennent à ton image, à ta famille. Ils cherchent à te démolir par tous les moyens. Ce sont des jaloux, des aigris, toute forme de réussite, même modeste, renforce leurs complexes.

La presse et les sites people connaissent très bien leurs lecteurs, ils savent ce qui leur plaît ou leur déplaît et ils leur servent ce qu'ils attendent. Quand une fille cartonne dans le monde de la téléréalité, qu'elle a comme moi un caractère entier, que c'est « une grande gueule », ils inventent des histoires sur son compte en lui donnant systématiquement le mauvais rôle. Ils sont comme un chien qui déterre un os et qui ne le lâche plus. Tout est prétexte à vendre du papier ou à augmenter la fréquentation du site. Pour y parvenir, ils trouvent toujours un prétexte. Quand, même en cherchant, il n'y a rien d'extraordinaire à raconter, ils s'en prennent à ton physique. Par exemple, si tu as passé une nuit blanche à côté de ton enfant malade, tu n'as pas le droit de paraître fatiguée, d'avoir mauvaise mine, sans que les journaux publient que tu es à l'agonie. Si, à l'inverse, tu es en pleine forme et trop jolie, c'est parce que tu as fait de la chirurgie esthétique !

Récemment, il y a eu un nombre incroyable d'articles qui affirmaient que je m'étais fait refaire les pommettes ! Les journaux titraient : « Les nouvelles pommettes d'Amélie ! », « La dernière chirurgie esthétique d'Amélie ! » Je me demande ce que ce sera la prochaine fois. Heureusement que le ridicule ne tue pas parce que là, ils se sont surpassés dans le n'importe quoi ! Et puis, quand bien même cela aurait été vrai, mon visage m'appartient, j'en fais ce que je veux. Ça vaut vraiment la peine de faire couler tant d'encre, d'encombrer les réseaux sociaux avec ce sujet ? On traite les gens de la téléréalité de débiles, mais ce genre d'articles, c'est quoi ? Les journalistes people n'ont vraiment rien d'autre à se mettre sous la dent ? Je sais comment marchent ces journaux, mais il y a des limites. Ils devraient être conscients de la portée de leurs actes, réaliser que de tels papiers engendreront un déferlement ordurier sur les réseaux sociaux. Dès le lendemain de la publication de ces articles, j'ai eu une avalanche de messages sur Twitter qui disaient plus ou moins gentiment : « Arrête la chirurgie, t'es complètement laide ! »

Ce n'est pas la première fois que la presse people s'attaque à mon physique et, à écouter les journalistes, à mes « innombrables » opérations. Un coup c'est mon visage, un autre ma poitrine, quand ce n'est pas mes oreilles. Et les journaux sont loin d'être tendres. Agréable, non ? On a beau essayer de se blinder, cela reste incroyablement violent, et je ne suis pas de pierre, tout de même ! Les titres eux non plus, ne font pas dans la dentelle : « Amélie Neten, les ratages de la chirurgie esthétique », « Son visage amaigri inquiète ses fans, ils sont sous le choc ! », « Les conséquences néfastes de l'addiction d'Amélie Neten à la chirurgie ! » Ce n'est pas compliqué et simple à vérifier, quand on tape sur Google : « Amélie Neten chirurgie esthétique », il y a 4 940 résultats, ce qui est beaucoup pour une seule femme âgée seulement de 31 ans ! Alors qu'y a-t-il de vrai et de faux dans ce tas d'idioties ?

Je me suis effectivement fait opérer des seins, mais je ne les ai pas fait augmenter. J'ai également eu recours à une otoplastie, un mot savant pour désigner une chose toute simple : se faire recoller les oreilles. C'est une intervention facile qui a amélioré la vision que j'avais de moi-même, l'idée que je me faisais de la façon dont les autres me voyaient. C'est un complexe qui m'est venu sur le tard, mais à force d'être scrutée à la loupe, moquée en permanence, j'ai fini par devenir obsédée par mes oreilles. Peut-être que les regards étaient moins féroces que je l'imaginais, mais quand j'étais en face de quelqu'un, j'avais l'impression que la personne ne voyait que mes oreilles décollées et ça me complexait. Finalement, ces attaques ressemblent un peu à ce que des souffre-douleur peuvent subir à l'école. Il suffit parfois d'être trop grand, trop gros ou d'avoir… les oreilles décollées, pour devenir la tête de Turc de toute une classe. Mais déjà à l'époque, je ne me laissais pas bousculer ni gâcher l'existence.

Au risque d'en décevoir certains, la liste de mes « innombrables » opérations s'arrête là, pour le reste, circulez, il n'y a rien à voir, ce qui n'empêche pas la presse et les sites people d'en rajouter une couche dès qu'ils en ont l'occasion. Chaque fois, je me demande quel genre de personne est capable de croire à des absurdités pareilles. Il faut quand même singulièrement manquer de jugeote pour imaginer que je vais tous les deux jours chez le chirurgien en lui disant : « Aujourd'hui, c'est les pommettes, demain, le menton, et après-demain, le nez ! La semaine prochaine, vous vous attaquerez au reste… »

Les journalistes ne se rendent pas compte qu'à force d'augmenter encore et toujours la dose, certains lecteurs passent à la cadence supérieure et que leur méchanceté finit par prendre la forme d'une haine implacable. À ce stade, rien ne peut les décourager de nuire, ils veulent par tous les moyens vous détruire et ruiner votre existence.

Si j'écris ces mots, ce n'est pas pour pimenter l'histoire ou pour faire du sensationnel, c'est en toute connaissance de cause, puisque tout ce que je vais raconter dans les pages qui suivent, je l'ai vécu. Un jour, une personne nuisible et acharnée a presque réussi à causer ma perte : j'ai failli être séparée à jamais de mon fils et finir en prison… Pourquoi ? Par inconscience ou pure malveillance…

- 11 -

La convocation à la brigade des mineurs

C'était en 2013, à Liège, en Belgique, un matin comme tous les autres… Je vais chercher mon courrier dans la boîte aux lettres et, sur l'une des enveloppes, je reconnais le sigle de la police. « La journée commence mal, je me suis pris un PV ! », me dis-je. Je retourne dans l'appartement, j'ouvre aussitôt la lettre et je lis que, quelques jours plus tard, je suis convoquée à midi dans un commissariat qui m'est inconnu, puisqu'il n'est pas situé dans mon quartier. Je réfléchis à ce que tout cela peut bien signifier, car le motif de ma convocation n'est pas précisé. Je me dis que même si je ne m'en souviens plus, je me suis peut-être retrouvée à un endroit où il y a eu un accident ou une bagarre et que la police cherche des témoignages de personnes présentes sur les lieux. Comme je suis à des kilomètres de me douter que je suis impliquée dans une sale affaire, je ne remarque pas que la lettre a été envoyée par la brigade des mineurs. Si je l'avais vu, j'aurais vérifié sur une carte l'emplacement du commissariat, ce qui m'aurait confirmé qu'il s'agissait du siège de la brigade des mineurs. Mais ce n'est que plus tard que je m'en suis aperçue...

Prudente, j'appelle quand même mon père pour lui demander ce qu'il en pense et pour qu'il se rende au rendez-vous avec moi. Il me donne son accord et, le jour indiqué sur la convocation, nous nous rendons ensemble au commissariat. Mon fils, qui avait alors 2 ans, était resté à la maison avec ma sœur, car pensant n'en avoir que pour peu de temps, je ne voyais pas l'intérêt de l'emmener.

Je rentre dans le hall et, tout en expliquant les raisons de ma présence, je tends ma carte d'identité à une femme derrière son guichet. Est-ce mon imagination ? J'ai l'impression qu'elle me regarde d'un drôle d'air, mais je me rassure en me disant que je dois me faire des idées... À ce moment, elle annonce à mon père : « Désolée, Monsieur, vous ne pouvez pas entrer dans le bureau de l'inspecteur avec votre fille. » Il ne lui répond pas, mais son expérience de militaire le prévient que quelque chose ne tourne pas rond. Il me regarde et de la tête, il me fait un signe qui signifie : « Ça ne sent pas bon… » Il se dirige alors vers une chaise, s'assoit et prend son mal en patience le temps que je revienne. Je monte un étage et je me retrouve face à la porte du bureau que la femme m'a indiqué. Je frappe. Un inspecteur vient m'ouvrir, je me présente et, sans un mot, il va s'installer derrière son ordinateur et se met à taper sur le clavier de son ordinateur. Enfin, brusquement, il s'arrête et me demande mon nom, mon prénom et mon adresse. À nouveau, il marque une pause, puis me dit : « Vous êtes bien la mère d'un petit garçon qui s'appelle Hugo Neten ?

– Oui.

– Vous savez où vous êtes ?

– Non, je n'en sais rien, je ne sais même pas pourquoi je suis convoquée…

– Vous êtes à la brigade des mineurs. C'est nous qui traitons les affaires de pédophilie, de mauvais traitements et d'attouchements sexuels sur enfant. »

Là, j'ai eu l'impression que ma vie s'écroulait. Je me suis mise à pleurer. J'ai immédiatement pensé qu'il était arrivé malheur à mon fils, qu'il avait été victime d'un accident ou qu'un fou s'en était pris à lui. J'ai imaginé qu'un cinglé lui avait fait du mal ou peut-être pire encore. J'étais morte d'angoisse, j'ai exigé de connaître la vérité et de savoir exactement ce qui s'était passé. L'inspecteur m'a regardée droit dans les yeux et a poursuivi : « Non madame, vous vous trompez, la plainte que nous avons reçue vous concerne. C'est vous qui êtes accusée…

– Mais de quoi, et par qui ? »

C'était comme si le ciel m'était tombé sur la tête, je n'en suis pas revenue. J'ai à peine eu le temps de comprendre ce que l'inspecteur me disait que les larmes, à nouveau, me sont montées aux yeux et que je me suis mise à sangloter. Le policier a dû être touché par ma réaction : « Calmez-vous, je vais tout vous expliquer. Écoutez, je traite des dossiers très graves, je sais reconnaître les gens qui sont en face de moi. Vous avez l'air très douce, ne soyez pas inquiète, je connais mon travail. » Il s'est levé, est allé chercher un verre d'eau et me l'a tendu avant de continuer : « Quelqu'un a écrit une lettre au procureur du Roi pour l'alerter, et ce dernier nous a transmis ce courrier pour que nous menions une enquête à votre sujet.

– Mais on m'accuse de quoi ?

– C'est une dénonciation qui nous prévient que vous maltraitez votre enfant, que vous le laissez mourir de faim et que vous le battez. Vous êtes également accusée d'être alcoolique et de recevoir sans arrêt des hommes à votre domicile. La lettre précise que c'est un va-et-vient permanent… »

En entendant l'inspecteur m'énumérer toutes ces horreurs, j'ai eu l'impression que mon cœur s'arrêtait de battre et que je me vidais de mon sang. Tous ces mensonges étaient trop violents, trop injustes. J'aurais voulu répliquer, trouver les mots pour me défendre, mais le choc était si énorme, que je suis restée la bouche ouverte, incapable de prononcer le moindre son. J'ai cru que j'allais tomber !

L'inspecteur tenait dans sa main la lettre plastifiée. J'ai voulu la lire, mais il a refusé en m'expliquant que je n'en avais pas le droit. Elle était signée et j'ai pu apercevoir qu'elle mentionnait le nom et le prénom de l'expéditeur – en revanche, il n'y avait pas son adresse… À cet instant, j'ai compris que quelqu'un m'en voulait tellement qu'il n'avait rien trouvé de mieux que d'inventer toutes ces accusations mensongères et de les envoyer au procureur du Roi. J'ai pensé qu'il fallait vraiment être un malade pour écrire toutes ces horreurs sur mon compte...

Sur un ton aimable, l'inspecteur m'a alors demandé de lui raconter quelle était ma profession et comment je gagnais ma vie. Je me suis lancée dans un grand discours et, quand j'en ai eu terminé, il m'a dit : « Je pense que je commence à comprendre... Il est clair que vous êtes très jolie, il suffit de vous regarder pour s'en convaincre. Peut-être que ça provoque des réactions de haine ? Qu'en pensez-vous, vous avez déjà eu des problèmes de ce genre ? » Je ne sais pas s'il était gentil avec moi parce qu'il se rendait compte que je n'avais rien à voir dans cette histoire ou pour me mettre en confiance et que je me contredise en parlant. Certains policiers agissent de cette manière pour recueillir des indices, mais celui-ci ne me semblait ni hostile ni hypocrite. Sur le même ton, l'inspecteur a continué à me poser des questions : qui je fréquentais, quels étaient mes amis, si j'avais beaucoup de visites, qui gardait mon fils quand je partais ou que je sortais... Je n'ai pas eu d'autre choix que de tout lui expliquer de A à Z. Soudain, il m'a demandé : « Est-ce que vous avez de l'alcool chez vous ?

– Non, il n'y a même pas de bouteilles chez moi.

– Même pas dans vos placards de cuisine ?

– J'ai peut-être un fond de bouteille pour faire les sauces, mais rien de plus.

– Vous pouvez me dire la vérité, c'est normal d'avoir une bouteille ou deux chez soi…

– Mais puisque je vous répète que je n'en ai pas ! »

Il était clair que l'inspecteur vérifiait point par point toutes les accusations qui avaient été lancées contre moi. Quand il en a eu terminé avec l'alcool, il a abordé le problème de la drogue : « Mademoiselle Neten, est-ce que vous vous droguez ?

– Non, pas du tout !

– Vous ne l'avez jamais fait par le passé ?

– Bien sûr que non !

– Vous pouvez me montrer vos bras ? »

J'ai retroussé mes manches et l'inspecteur a scruté tous les coins et recoins de ma peau pour y chercher des traces de piqûres. Il a constaté que j'étais clean et est revenu à des questions d'ordre plus général, me demandant par exemple quelle était la nature exacte de mes relations avec mes parents et avec mes frères et sœurs. Je lui ai assuré qu'elles étaient très bonnes, que nous étions une famille unie, heureuse, et j'ai continué à lui raconter ma vie dans les moindres détails.

Après plus de deux heures d'interrogatoire, l'inspecteur m'a prévenue que, dans l'intérêt de l'enfant, il allait procéder à une visite domiciliaire. Sur le coup, je ne voyais pas trop ce que ça signifiait, mais j'ai vite compris qu'il s'agissait d'une perquisition. Ma peur s'est évanouie et a aussitôt été remplacée par un violent sentiment de colère. Pourquoi l'inspecteur voulait-il perquisitionner chez moi ? À quoi avait servi tout ce cirque, tout ce temps passé à me défendre, à expliquer ? Au premier coup d'œil, ce policier ne s'était pas aperçu que j'étais innocente, que ces accusations n'étaient pas fondées ? Puisqu'il m'avait avoué avoir des dossiers bien plus graves à traiter, pourquoi m'avait-il fait perdre mon temps et le sien ?

J'étais si enragée que je n'ai même pas pensé que l'inspecteur avait la possibilité de me retenir, de me notifier ma garde à vue et, si le juge donnait son feu vert, de me jeter en prison le temps que les enquêteurs rendent leurs premières conclusions. Il aurait aussi pu prévenir une assistante sociale et la charger de trouver une place pour mon fils dans un foyer ou une famille d'accueil… Rien qu'en repensant à cette éventualité, je ne peux m'empêcher de pleurer, ce sont des souvenirs si horribles que, trois ans après, chaque fois que j'en parle, c'est comme si ça s'était passé hier… Sur le moment, je n'ai pas pensé à tout ça, je ne pensais qu'à une chose, que l'inspecteur continuait à avoir des doutes sur mon innocence puisqu'il poursuivait son enquête… À ce moment, il m'a signifié que l'interrogatoire était terminé. Il m'a fait signer ma déclaration puis a appelé mon père pour qu'il me rejoigne dans le bureau. En le voyant, j'ai recommencé à pleurer. « Alors, qu'est-ce qui se passe ? m'a-t-il demandé.

– On m'accuse de maltraiter Hugo, d'être limite une prostituée, d'être une camée et de me piquer, de me saouler à la bière. Comme si j'avais une tête à me mettre d'équerre à la bière ! »

Mon père n'a pas montré ce qu'il ressentait, ce n'est pas dans sa nature, mais il a remarqué à quel point j'étais touchée et blessée, et il n'a pas voulu en rajouter en disant tout haut ce qu'il pensait tout bas. Moi qui le connais bien, qui vois comment il se comporte avec son petit-fils, je sais qu'il a dû être outré, bouleversé. Quant à moi, j'étais complètement sonnée, j'avais l'impression d'avoir été téléportée sur une autre planète…

La première chose que j'ai faite quand je suis rentrée chez moi, c'est de me précipiter sur mon fils et de le serrer très fort dans mes bras. Intérieurement, je me répétais : « Mais comment on peut agir de cette façon, raconter toutes ces saletés ? Qu'est-ce que j'ai fait pour mériter ça ? » Et, de rage, j'ai brûlé la déclaration que j'avais signée dans le bureau de l'inspecteur.

L'inspecteur m'avait prévenue qu'il procéderait à une visite domiciliaire. Autrement dit à une perquisition. Il n'y a pas grande différence entre cette visite et une perquisition, si ce n'est que les policiers qui se déplacent ne sont pas accompagnés d'un juge d'instruction. Le principe reste le même : fouiller l'appartement de fond en comble pour y trouver des preuves. Tout y passe, les placards, les tiroirs, la penderie, le contenu du réfrigérateur, les carnets d'adresses, les livres, les albums de photos et tout ce qui peut servir de cachette. Ils ont même le droit de déchirer les papiers peints, éventrer les coussins, lacérer les matelas, décoller les lames de parquet ! Heureusement, je n'ai pas eu à supporter tout ça !

L'inspecteur ne m'avait bien sûr pas précisé quand et à quelle heure il viendrait. Il comptait sans doute sur l'effet de surprise… Je n'ai pas eu à attendre longtemps, l'après-midi même de mon interrogatoire, il a sonné à ma porte. Je lui ai ouvert et il a commencé à fouiller dans les placards pour voir s'il ne trouvait pas de drogue avant de passer à la cuisine. Il faut savoir que malgré les efforts de mes parents, nous ne roulions pas sur l'or et que quand j'étais petite-fille, il m'est arrivé plus d'une fois de rester sur ma faim et de me coucher le ventre creux. À la fin du mois, l'argent manquait et il pouvait arriver que les placards comme le frigo restent désespérément vides. C'est pour cette raison qu'aujourd'hui, je ne supporte pas qu'ils soient seulement à moitié pleins ou ne regorgent pas de nourriture. Depuis, à la maison, j'ai toujours de quoi tenir un siège et improviser un dîner pour dix personnes. Savoir que le frigo est plus que rempli, ça m'apaise, ça me rassure.

Le jour de la visite domiciliaire, comme je gardais en mémoire le fait que j'étais censée laisser mon fils mourir de faim, j'ai ouvert grand le frigo pour qu'il voie qu'il était plein à ras bord, et lui ai lancé : « Quoi qu'il arrive, que je sois en tournage ou pas, mon frigo, il est toujours plein à craquer ! Il y a le choix, ça déborde presque... » Je ne me suis pas arrêtée là : « Vous pouvez aussi constater qu'il n'y a pas de bouteilles d'alcool ou de vin et que, par sécurité, les produits ménagers sont hors de la portée de Hugo ! » Quand l'inspecteur est tombé sur les paquets de bonbons que j'avais achetés pour mon fils, il m'a dit en souriant gentiment : « J'espère que votre enfant n'aura pas de caries... » Je pense qu'il voulait détendre l'atmosphère... À un moment, en poursuivant sa visite, il a lancé un coup d'œil circulaire et, voyant que tout était nickel et parfaitement rangé, il a plaisanté : « Mon Dieu, c'est tellement propre chez vous qu'on pourrait manger par terre ! »

L'inspecteur m'a ensuite quand même demandé si Hugo était là et si j'étais d'accord pour qu'il le voie. Je l'ai emmené dans sa chambre et, en apercevant les jolis rideaux, les posters sur les murs et la montagne de jouets et de peluches, il s'est exclamé : « Mais c'est Disneyland ici !

– Oui, je sais, c'est tout à fait ça ! »

Hugo était tranquillement installé devant la télé

en train de regarder un dessin animé. Il avait sa tétine dans la bouche, son doudou serré sur le cœur et il était très absorbé dans sa contemplation de Mickey. L'inspecteur l'a approché, mais du haut de ses deux ans, Hugo l'a dévisagé, style : « Pourquoi il passe devant la télé, celui-là ? » Mon fils n'a pas manifesté le moindre signe de peur, il a souri et il a recommencé à regarder son dessin animé. En le voyant en bonne santé et si tranquille, l'inspecteur m'a lancé ironiquement : « En tout cas, c'est vraiment un enfant malheureux, ça se voit tout de suite ! »

Nous sommes sortis de la chambre de Hugo, j'ai poussé doucement la porte et, dans le salon, l'inspecteur m'a dit : « Je suis en train de perdre mon temps et ça m'énerve ! J'ai autre chose à faire que d'être ici pour rien. J'ai des dossiers très graves, des cas épouvantables à traiter. Vous n'êtes pas une mère indigne, sachez-le ! »

Là, j'ai commencé à être rassurée, mais je n'ai rien répliqué, je sentais bien qu'il avait envie de parler. Il a repris : « Des mères indignes, j'en ai à longueur de dossiers. Je vois des enfants qui ont été mutilés ou d'autres qui ont été brûlés avec un cigare. Parfois, c'est leur propre mère qui s'est amusée à écraser ses cigarettes sur leurs corps. Je récupère des enfants qui, pendant des années, ont été privés de nourriture et qui sont dans un état de malnutrition terrible. Certains pèsent vingt kilos à six ans. Voilà ce que fait une mère indigne, vous n'êtes pas concernée ! » L'inspecteur avait l'air ému, mais il était aussi en colère, il a conclu en me disant : « Je suis vraiment désolée de vous avoir fait perdre votre temps… Voici mon numéro de téléphone, si ça ne va pas, si vous avez un problème, n'hésitez pas à m'appeler. »

Je l'ai remercié et j'ai pensé que j'avais eu beaucoup de chance de tomber sur un policier aussi humain. Je croyais que la boucle était bouclée et que, très vite, toute cette horrible histoire ne serait qu'un mauvais souvenir. Je m'étais trompée…

- 12 -

Un cauchemar sans fin…

Le cauchemar était terminé, et même si je ne connaissais toujours pas l'identité de la personne qui avait cherché à me nuire, je ne souhaitais qu'une chose, que cette histoire soit finie une fois pour toutes ! C'est donc sans appréhension que j'ai accepté de participer à une autre saison des *Anges de la téléréalité*, toujours avec mon fils, et à des milliers de kilomètres de la Belgique.

J'étais en plein tournage quand ma sœur m'a téléphoné pour me prévenir qu'une nouvelle plainte avait été déposée contre moi ! Elle a ajouté qu'un policier s'était présenté chez elle et avait demandé où je me trouvais. En apprenant que j'étais à l'étranger, il avait dit à ma sœur : « Dès qu'elle sera de retour, qu'elle vienne me voir immédiatement. J'ai à lui parler ! »

Ce que j'ignorais également, c'est qu'une enquête de voisinage avait été ordonnée après la visite de l'inspecteur, malgré ses paroles encourageantes. Des policiers avaient donc fait du porte-à-porte afin d'interroger toutes les personnes qui logeaient près de chez moi. Ils ont posé les questions d'usage pour savoir si j'étais aimable, s'il y avait chez moi des activités suspectes, si je recevais beaucoup, si je faisais du tapage nocturne ou du scandale. Mais ce qui les intéressait particulièrement, c'était ce fameux « va-et-vient incessant » qui leur avait été signalé. Quand bien plus tard le dossier m'a été enfin communiqué, j'ai lu la déposition de ma voisine : « Je crois que c'est la seule personne dans le voisinage chez qui je ne vois jamais de gens défiler. C'est une fille très gentille, très polie, très discrète. Elle me dit toujours bonjour et elle semble tout à fait heureuse avec son petit garçon. »

Après l'interrogatoire et la visite domiciliaire, l'inspecteur avait sans doute écrit un rapport où figuraient son appréciation sur l'affaire et ce qu'il pensait de moi, puis il avait fait suivre le dossier au commissariat de mon quartier. Il aurait pu être classé sans suite, mais comme il y avait une seconde plainte… C'étaient désormais d'autres policiers, ceux de mon quartier, qui étaient chargés de mon cas et de démêler le vrai du faux. Pour ça, il leur fallait tout reprendre de zéro.

Quand je suis rentrée de tournage, j'ai rencontré le policier qui s'occupait désormais de l'affaire. Même s'il savait que ça ne servait à rien, il a procédé à un nouvel interrogatoire et il a enregistré ma déposition. Deux semaines plus tard, rebelote, il sonne à ma porte. Je le vois et je comprends que c'est reparti : « Oh, non, c'est pas vrai, encore une ?

– Croyez que je suis désolé, mademoiselle Neten… »

Il m'est arrivé, dans les jours qui ont suivi, de recevoir un PV par la poste. Dès que je voyais qu'une lettre avait été envoyée par la police, je faisais l'impasse et je la laissais moisir dans la boîte aux lettres. Je refusais de l'ouvrir, je me disais : « C'est reparti ! Je suis encore convoquée… J'en ai vraiment assez, je n'ai pas envie de pourrir ma journée ! » Ça devenait une hantise, ça tournait à l'obsession…

D'autres plaintes ont suivi, toutes adressées au procureur du Roi. En tout, il y en a eu cinq ou six, toutes rédigées de la même écriture et portant le même nom. Je n'ai pas de mots pour décrire ce que je ressentais. Il n'était pas difficile de deviner qu'elles émanaient de la même source… À cette époque, mes parents et ma sœur avaient un téléphone fixe. Un jour, mon père entend le téléphone sonner, il décroche et une voix de femme lui explique que Hugo est très malheureux et que, dans son intérêt, elle veut le récupérer. Mon père se dit que c'est une timbrée et, parce qu'elle a recommencé, il a préféré faire supprimer la ligne du téléphone fixe. Je ne sais pas comment elle est y parvenue, mais cette femme s'est également procuré le numéro de ma sœur. Elle l'a appelée à son tour pour lui raconter la même histoire et la harceler. Avec mon frère et ma sœur, nous avons été obligés de porter plainte plusieurs fois pour harcèlement, diffamation, dénonciation calomnieuse, mais je n'ai jamais compris pourquoi, c'est resté sans résultat.

Les policiers ont fini par nous révéler l'identité de cette personne. Avant de m'en parler, les policiers voulaient vérifier qu'ils ne se trompaient pas, ils craignaient aussi que, poings serrés, j'aille lui dire ma façon de penser… Toute cette histoire a duré facilement une année. Pendant tout ce temps, tout m'est venu à l'esprit. J'ai imaginé un complot, puis j'ai cherché où cette personne était susceptible de vivre. Ce n'était pas en France, parce que si un Français avait écrit au procureur du Roi, les policiers auraient pensé que l'auteur des lettres n'habitant pas en Belgique, il ne pouvait pas savoir ce qui passait à Liège, si loin…

J'ai réfléchi à tous les gens qui faisaient partie de mon entourage, me demandant si c'était l'un d'entre eux ; j'ai essayé de deviner si c'était quelqu'un qui vivait près de chez moi ou au contraire plus loin. Mais comment en être certaine ? Ça pouvait être tant de personnes… Cela me rendait dingue, je ne faisais confiance à personne à part Philippe et ma famille, j'avais beau être entourée, je me sentais seule, j'avais peur pour mon fils, mais surtout je ne comprenais pas.

J'ai fini par apprendre que l'auteur des plaintes était une femme. Elle prétendait être une voisine et donc aux premières loges pour observer tout ce qui se passait chez moi. En réalité, elle habitait entre Bruxelles et Charleroi. Apparemment, elle avait eu des enfants qui avaient été placés par les services sociaux et, en me découvrant à la télévision, elle avait fait une fixation sur moi. Parce que d'après elle j'étais un peu trop jolie, parce que j'avais un petit peu réussi dans la vie, elle s'est dit : « Celle-là, je vais lui pourrir la vie, elle va payer ! » Cette femme était peut-être perdue, mais surtout folle à lier ! Là, on n'est plus dans le registre de la méchanceté, il n'est plus question de messages désagréables ou injurieux, c'est de la haine à l'état pur !

Quand je pense qu'on aurait pu me retirer mon fils à cause d'elle, sur la foi de ses mensonges affreux… Et même si la vérité avait éclaté, combien aurait-il fallu de démarches pour le récupérer ? Sans compter, pour un petit enfant, le traumatisme d'être séparé de sa maman et d'être précipité dans une famille qu'il ne connaît pas… Si dès le début je n'avais pas eu affaire à un policier aussi gentil et humain, que serait-il arrivé ? Si l'inspecteur avait vu mon fils avec une grosse bosse sur le front parce qu'il était tombé la veille, qu'aurait-il imaginé ? Et si ç'avait été un autre policier qui n'aurait pas cherché à comprendre et qui s'en serait tenu aux accusations, mon fils, on me l'enlevait ! C'est ainsi qu'une personne dérangée peut détruire une famille…

Je n'ai pas essayé de rencontrer cette femme, quelle discussion aurions-nous eu, c'était trop malsain, et puis je ne voulais pas prendre le risque de m'énerver ou de me retrouver dans mon tort. Elle m'a pourri la vie alors que je n'avais rien à me reprocher et que j'étais droite dans mes bottes, elle s'en est pris à ce que j'ai de plus cher, alors, sans être cruelle, je ne lui souhaite pourtant rien de bon. Si je n'ai pas intenté un procès pour diffamation, dénonciation calomnieuse et harcèlement, c'est parce j'aurais dû prendre un avocat et me porter partie civile. Toute l'affaire aurait été débattue sur la place publique et, à cette époque, en 2013, je n'avais pas besoin de ça. En définitive, j'ai reçu un courrier m'avertissant que le dossier avait été classé sans suite.

Tout cela est derrière moi, mais si j'en parle aujourd'hui, c'est parce que cette histoire explique le titre de mon livre, *Pourquoi tant de haine ?*, et qu'elle illustre parfaitement le climat qui sévit sur les réseaux sociaux. Ce n'est pas la téléréalité qui est en cause, ni les policiers. Ils ont fait leur travail, ce qui était normal, et je ne peux pas leur en vouloir. Ce sont les réseaux sociaux les responsables. Quelqu'un cherche à me nuire en publiant n'importe quoi, et d'autres, des moutons sans la moindre jugeote, répercutent la fausse information, qui est ensuite relayée par la presse et les sites people... C'est de cette façon qu'on se retrouve pris dans un engrenage qui risque bien de vous broyer.

– 13 –

Célébrité, le prix à payer…

J'ai 1 300 000 followers sur Twitter, et dans le lot, il y a des tweets très gentils. Chaque fois que je le peux, je réponds en remerciant les uns et les autres. Il n'y a pas d'intermédiaire, je n'ai personne qui s'en occupe en dehors de moi, ce sont de vraies réponses. Ce qui me fait plaisir, ce qui répare en moi bien des blessures, ce sont tous ces jeunes qui me suivent depuis le début de ma carrière dans la téléréalité et qui n'ont jamais cessé de me soutenir. S'ils savaient à quel point leur réconfort m'est précieux et comme leurs tweets me font chaud au cœur… Mais il y a aussi malheureusement tout le contraire, les tweets de gens totalement bornés. Quand ces gens m'insultent et que je veux calmer le jeu, je leur mets une fleur en guise de réponse. Et il arrive qu'ils me répondent des choses comme : « Occupe-toi de ton gosse ! » Je ne vois pas le rapport, je leur offre une rose et eux me parlent de mon fils ! La plupart du temps, je n'y prête pas attention, mais si j'ai passé une mauvaise journée, il m'arrive d'être tentée de rentrer dans leur jeu et de répondre avec les mots qu'ils ont employés... Ce qui paraît assez incroyable, c'est que leur besoin d'injurier se révèle sans limites quand j'ai le malheur de leur rétorquer sur le même ton. Voici un exemple d'échange avec une fille de seulement 16 ans (c'est elle qui me répond la première) :

– Comment tu parles ? T'es une mère, tu ne peux pas me parler comme ça !

– Donc toi, à 16 ans, tu peux te permettre de me traiter de tous les noms, mais, moi, je n'ai pas le droit de faire pareil ?

– Ouais, mais toi, t'as quand même 40 balais !

– Non, je n'en ai pas 40, j'en ai 31 ! Va à l'école et apprends à compter, après tu reviendras sur Twitter poster ton commentaire !

– Tu ferais mieux de t'occuper de ton gosse !

– Tu as vu l'heure ? Il est 23 heures, et mon gosse, il dort depuis 20 h 30, alors trouve autre chose ! »

Tous ces petits, je les appelle la « nouvelle génération ». Je travaillais déjà quand leurs grandes sœurs jouaient encore à la poupée Barbie… Il suffit que l'un d'entre eux se montre grossier pour que les autres suivent comme des moutons en me traitant à leur tour de mère indigne. C'est à se demander s'ils ont autre chose à dire… Il n'y a que sur Twitter qu'on trouve tant de haine ; sur Facebook et Instagram, c'est plus mesuré. Désormais, je comprends pourquoi les filles harcelées finissent par péter les plombs et qu'il y ait des réactions extrêmes, parfois même des suicides. Les responsables de Twitter devraient être plus vigilants et censurer les injures.

Pour une partie de cette nouvelle génération, quand tu passes à la télévision, pardon d'être triviale, mais je les cite hélas, tu es forcément une « pute ». Je ne sais pas pourquoi ils réagissent de cette manière, mais je ne suis pas la seule concernée. Peut-être est-ce de la jalousie ou l'amertume d'être dans l'ombre quand d'autres sont dans la lumière… Comme leurs attaques sont permanentes, il faudrait continuellement que je m'excuse et que je leur rende des comptes. Ce que ces gamins refusent d'admettre, c'est que je suis tout simplement un être humain comme les autres. Comme n'importe qui, je peux avoir des problèmes, mais il y a aussi des moments où je m'amuse ; des jours où je suis heureuse parce que tout va bien et d'autres où j'ai de la peine. Quand tu n'as pas le moral et que tu dois en plus te défendre de travailler, de gagner de l'argent et d'en faire profiter ton fils, ça devient insupportable à la longue.

À une époque, c'était tellement fatigant de me retrouver sans cesse en accusation et d'être obligée de me justifier que, pendant deux mois, j'ai cessé toute activité sur Twitter. Mais rester silencieuse, ce n'est pas si simple, il y a des gens qui me suivent depuis longtemps et qui ne comprennent pas pourquoi ils n'ont plus de mes nouvelles. Je n'ai pas le droit de les décevoir, ils sont à mes côtés depuis le départ. Souvent, quand j'ai la tête à l'envers, je lis leurs gentils messages et ça me fait du bien. Ils sont la petite lumière qui m'éclaire dans les moments de doute ou de tristesse. Je sais qu'ils sont cool avec moi et qu'ils n'ont pas de mauvaises intentions à mon égard, mais j'ai quand même remarqué qu'il suffit, par exemple, d'une photo où je suis dans une position qui fait ressortir mon ventre pour qu'ils me demandent en boucle : « Alors, tu es enceinte ? » Eux aussi sont sensibles à toutes les rumeurs qui courent, et j'ai beau leur répondre que ce n'est pas le cas, le leur répéter cinquante fois, ils n'en sont pas persuadés et continuent à me poser la même question. Ce n'est pas méchant, mais parfois un peu lassant. Surtout qu'ils ont tort de ne pas me croire quand je leur affirme que je ne suis pas enceinte. Si un jour j'attends un bébé, c'est eux que je préviendrai en priorité (après ma famille, bien sûr !).

Je n'étais pas préparée à devenir connue. Quand j'emploie ce mot, c'est avec précaution, je ne rêve pas, je ne suis pas une star américaine, mais la téléréalité m'a donné une certaine célébrité. Beaucoup de gens me reconnaissent dans la rue, me demandent des autographes ou une photo. Je suis toujours un peu gênée, car je ne vois pas ce que j'ai pu faire pour mériter cette célébrité. Quand les gens insistent trop, je suis mal à l'aise, j'ai envie de leur dire : « Attendez, je n'ai pas sauvé l'humanité ! » Bien sûr, ça me flatte, je ne vais pas prétendre le contraire ; de la même façon, je suis contente quand on me fait des petites faveurs – qu'on me surclasse en avion, qu'on me trouve une table dans un restaurant bondé –, juste parce qu'on m'a reconnue et qu'on m'apprécie. Mais pour rien au monde, je ne voudrais mener la vie des grandes stars qui ne connaissent pas une minute de répit et qui ne peuvent plus mener une existence normale, aller au cinéma ou boire un verre à la terrasse d'un café. Heureusement, je n'en suis pas là !

Dans la rue, les gens sont adorables avec moi, ils affirment que je suis la meilleure et m'encouragent à continuer *Les Anges*, parce que « *Les Anges*, sans vous, c'est plus *Les Anges* ! » Parfois ce sont des pioupious, des petits poussins que je prends dans mes bras parce que je les trouve si mignons et attendrissants, mais le plus souvent, ce sont des ados de 16-18 ans, et pas mal de femmes aussi. Souvent, elles me disent : « J'aime votre caractère entier, je suis comme vous ! » C'est tellement encourageant que même si je suis de mauvaise humeur, je n'en laisse rien paraître et j'ai envie de leur faire plaisir, alors je fais un selfie avec elles et je les remercie. En revanche, les choses se compliquent quand je suis avec ma famille, au restaurant par exemple. Ça me gêne que mes parents, ma sœur ou mon compagnon soient interrompus en pleine discussion et restent la fourchette en l'air parce qu'une fille me tape sur l'épaule en me disant : « Excusez-moi, je suis désolée de vous déranger. Ça ne se fait pas, je vois bien que vous êtes en famille… » Un soir, nous étions dans une brasserie en train de parler de choses sérieuses avec mes parents et Philippe, quand une femme est venue à notre table et m'a sorti la phrase rituelle : « Ça ne se fait pas… » Je lui ai répondu avec un grand sourire : « Si ça ne se fait pas, ne le faites pas ! » Et elle m'a répondu : « Oui, mais maintenant que je suis là… » Bon, cela ne l'a pas dissuadée et, sans y être invitée, elle s'est installée à côté de moi et s'est mise à me raconter toute sa vie ! Je ne savais plus quoi faire pour l'arrêter. En désespoir de cause, j'ai pris ma tête des mauvais jours, mais là non plus, ça ne l'a pas découragée. C'était vraiment un cas ! Quand enfin elle est partie, mon chéri m'a fait remarquer que ce n'était pas méchant de sa part et que j'aurais pu être un peu plus souriante… C'est ce que j'aime chez lui, en quelques mots il dédramatise une situation et parvient à m'apaiser en désamorçant ma colère. C'est peut-être parce qu'il est né le jour de la Saint-Valentin que Philippe est doué pour donner de l'amour et faire le bonheur de la femme qu'il aime…

Conclusion

Le fabuleux destin d'Amélie

Au début de ce livre, je disais que ma vie a basculé quand j'ai participé à *Secret Story*. Je ne suis pas la première ni la dernière à avoir été sélectionnée pour un jeu de téléréalité, et même si du jour au lendemain on se retrouve sous les feux des projecteurs, ce n'est pas pour autant un gage de réussite. Pour que l'aventure devienne un tremplin, il faut garder les pieds sur terre, ne pas se laisser griser par une célébrité soudaine et s'investir dans des projets solides. Si ton entourage te soutient et que tu as la tête sur les épaules, tu peux très bien participer à ce genre d'émissions sans perdre ta joie de vivre et ton équilibre. Mais si tu es seul et fragile, si tu n'as pas la chance de pouvoir te reposer sur une famille aimante, tu risques d'en ressortir détruit. Il faut être fort pour supporter les critiques qui ne vont pas manquer de pleuvoir sur toi pendant et après l'émission. C'est très difficile d'encaisser toutes ces méchancetés si on doute de sa valeur et que l'on n'a pas confiance en soi. Les personnalités perturbées ne devraient pas échapper à la vigilance du psychologue que l'on rencontre au moment du casting, mais comme l'entretien est rapide et que chacun raconte ce qu'il veut, certains candidats particulièrement volontaires parviennent à faire illusion. Mais au fil des émissions, la production, qui reste attentive au bien-être des candidats, repère vite les profils à risque et voit en général comment faire pour les aider ou les faire sortir si c'est nécessaire… Dans *Secret Story*, je me souviens notamment d'un participant dont le secret était : « Je suis un vampire. » Ça crevait les yeux qu'il ne vivait pas bien l'aventure, et la production s'en est rapidement aperçue. Ce n'est pas si compliqué de mentir à un psychologue, mais quand on se retrouve en situation de stress ou de conflit, là, c'est plus difficile de tricher et d'essayer de se mentir à soi-même. Le naturel revient au galop et, si tu ne supportes pas l'enfermement, par exemple, ça ne sert à rien d'essayer de sourire et de prétendre que tout va très bien, on verra que tu joues, personne ne te croira.

Tu peux craquer en participant à une émission de téléréalité parce que tu es fragile et que tu ne supportes pas la pression, mais il existe bien d'autres raisons… Certains participants croient que c'est la chance de leur vie, et ça peut l'être, mais il arrive qu'ils n'aient pas conscience que leur existence en sera bouleversée et que tous leurs repères disparaîtront. Peut-être qu'avant d'être sélectionnés ils habitaient avec leurs frères et sœurs dans une HLM, qu'ils dormaient à six dans la même chambre, et que leur seul horizon, c'étaient les tours de leur cité. Subitement, parce qu'ils se retrouvent dans un jeu de téléréalité, ils voyagent dans des conditions extrêmement confortables et sont les héros d'une aventure magnifique à Miami, New York ou Los Angeles… De là, ils s'envolent à l'autre bout du monde, sont logés dans des villas de rêve avec superbes piscines à débordement et sont véhiculés dans de luxueuses voitures avec chauffeurs. Dès qu'ils entrent en boîte de nuit, on leur déroule le tapis rouge, les bouteilles de champagne apparaissent sur les tables comme par magie, ils sont applaudis par leurs fans et poursuivis par les photographes. Quand ils étaient dans leur banlieue, ils devaient peut-être attendre des heures sur le trottoir avant d'avoir l'autorisation de rentrer dans ces mêmes boîtes ou d'autres, et voilà que dans ces nouveaux lieux, ils sont devenus les rois ! Mais ce qui flatte encore plus leur ego, c'est que tous les soirs ils passent à la télévision et que leurs copains du quartier, comme leurs familles, ne parlent que de ça. Il faut reconnaître que ce n'est pas donné à tout le monde ! Il arrive que ces jeunes soient incapables de faire la part des choses, de comprendre que leur vraie vie n'est pas là. Ils sont pris dans un tourbillon et n'ont aucun recul. Et puis un jour, il arrive ce qui devait arriver : l'émission s'arrête pour eux. Ils retournent dans leurs HLM, retrouvent leurs copains de la cité, et tout recommence comme avant, sauf que rien n'est plus comme avant… Je comprends que toute cette ambiance de luxe puisse monter à la tête de certains, qu'ils ne parviennent plus à dissocier la fiction de la réalité et qu'ils éprouvent les pires difficultés à se réadapter. Quelque part, ils pensent qu'ils ont connu la vraie vie, celle pour laquelle ils étaient programmés, et que ça va continuer, mais les jours passent et ils en sont toujours au même point. Ils refusent de regarder la vérité en face et se raccrochent à leur rêve, n'écoutant rien ni personne. Ce n'est même pas la peine de les raisonner, ils sont comme des papillons qui se sont brûlé les ailes au soleil de la téléréalité.

Tout au long de mon parcours professionnel télévisuel, j'ai toujours gardé la tête froide. À part peut-être dans ma première participation à *Secret* et mon amourette avec Senna, je n'ai jamais fait de confusion entre ce que je vivais dans un jeu et le monde réel. Même si certains auront du mal à le croire, si tout s'arrête demain, les paillettes ne me manqueront absolument pas.

Il y a un autre élément qui m'a permis de ne pas confondre ce monde avec la réalité : même si je suis hyper sensible et à fleur de peau, j'ai un très fort caractère. Mais ça, vous le savez. Je ne garde pas enfoui au fond de moi ce qui me ronge ou me tracasse. Ça doit sortir d'une manière ou d'une autre, et même si c'est en braillant, je n'en suis pas fière mais tant pis, c'est mieux que de se détruire de l'intérieur sans réussir à exprimer ce que l'on ressent. Je suis consciente que la téléréalité a donné de moi une image outrée, celle de la fille qui réagit au quart de tour et passe son temps à hurler. C'est une caricature, et heureusement, parce que sinon je n'aurais plus de voix et je serais aphone du matin au soir, mais je dois reconnaître qu'il y a une part de vérité. Si l'on me frappe sur une joue, il ne faut pas compter sur moi pour tendre l'autre. Je ne risque pas d'offrir ce genre de cadeau ! Parfois avec véhémence, j'essaie de me faire respecter, et dans le monde d'aujourd'hui, ce n'est pas facile. À l'époque de mes parents, ça l'était peut-être davantage, alors que j'ai l'impression qu'avec les réseaux sociaux et la violence qui s'exprime un peu partout, ça devient beaucoup plus compliqué.

Je me souviens, quand j'étais gamine, j'allais frapper chez ma voisine et je lui demandais : « Bonjour, madame, est-ce que Julie peut venir jouer avec moi dehors ? » Et elle me répondait : « Là, elle mange, mais reviens dans dix minutes, quand elle aura terminé… » Je repassais plus tard et, avec ma copine, nous nous amusions autour du pâté de maisons. Mes parents n'y voyaient rien à redire, tous les enfants faisaient la même chose. De nos jours, ce n'est plus possible, jamais mon fils n'ira jouer seul dehors, j'ai trop peur de ce qui pourrait lui arriver… Mais la violence n'est pas que dans les rues. Auparavant, quand il y avait une polémique au sujet d'une personne, ça faisait le tour du quartier et ça n'allait pas plus loin ; ça restait plus ou moins confidentiel. Aujourd'hui, à cause des réseaux sociaux, elle est répercutée à travers le monde entier. Les règlements de compte se passent à coups de Facebook, Twitter ou WhatsApp et sont sans pitié. Je sais désormais pourquoi certaines vies sont ruinées… Je m'inquiète de voir les ravages que cela peut provoquer chez de tout jeunes adolescents dans les cours de récréation. Si avec mon expérience, mon caractère, mes trente ans passés, je peux en souffrir et ne parviens pas toujours à me protéger, imaginez ce que cela peut engendrer chez une toute jeune fille, un adolescent timide ou complexé. Nous devons y être particulièrement attentifs.

En définitive, si je ne suis pas tombée dans les pièges que tend la téléréalité, si elle ne m'a pas brûlé les ailes comme à beaucoup, c'est parce que je n'ai jamais oublié ni ce que j'ai eu, ni ce dont j'ai manqué quand j'étais petite. J'ai vu mon père travailler très dur pour nous apporter un minimum de confort, pour que nous mangions à notre faim. Il plaçait son devoir de militaire et de père de famille avant tout. Sa carrière ne lui permettait pas d'être souvent à la maison et ce n'était pas facile de supporter son absence à côté d'une maman fragilisée et éprouvée par un drame. Une petite-fille ne comprend pas pourquoi son papa n'est pas là, et le mien m'a beaucoup manqué. Mais je n'avais pas le choix, il fallait faire avec… Ce sont des souvenirs d'enfance qui ne s'effacent pas, tout comme les valeurs que mon père m'a transmises : « Dans la vie, on n'a rien sans courage et sans travail. » Son exemple reste gravé en moi. Comme lui, je sais faire la part des choses, comme lui, j'aime l'ordre et ce qui est carré. Mon enfance m'a forgé un caractère entier, en bonne fille de militaire, j'aime ce qui marche droit, je n'ai jamais supporté ce qui n'est pas net…

Pendant toute mon enfance et jusqu'à aujourd'hui, je me suis toujours battue pour obtenir ce que je voulais, devenir ce que mon père souhaitait ou, tout du moins, ne pas le décevoir. Je ne suis pas née avec une petite cuillère en or dans la bouche, mais à force de travail, j'ai la chance de vivre confortablement. J'ai des parents et des frères et sœurs que j'aime et qui m'aiment, une belle petite famille recomposée avec un compagnon que j'aime, qui m'aime et qui me soutient, un fils que j'adore et qui comble toutes mes espérances. Je ne peux que remercier le destin de m'avoir gâtée à ce point. Je ne dis pas qu'il est le seul responsable et que je n'ai pas eu de mérite, mais je pense sincèrement que nous sommes tous programmés à la naissance pour accomplir un parcours déterminé. Pour certains, il est heureux, pour d'autres beaucoup moins. La seule façon d'influer sur le cours des choses, c'est de développer une pensée positive. Si tu es positif dans la vie, tu attireras des événements positifs, si, au contraire, tu vois tout en noir, tu rencontreras une succession de problèmes. Le négatif attire le négatif… Je suis comme tout le monde, je traverse parfois des moments difficiles, mais, même si c'est dur ou douloureux, je me force à prendre du recul et à sourire. C'est le message que je souhaite faire passer en plus de tout ce que j'ai appris au fil du temps et que j'espère avoir su faire partager. Quand je connais une zone de turbulences, je relativise en me disant qu'il y a bien pire. Je pense à ma sœur que j'aime tant et à ses deux cancers ; je pense à ma mère et à son chagrin quand elle a perdu mon petit frère, un bébé de quatre mois frappé par la mort subite du nourrisson. Un matin, tu rentres dans la chambre, tu crois que ton bébé dort tranquillement et tu découvres que, dans la nuit, il a cessé brusquement de respirer et qu'il est décédé... Ça, ce sont de grands malheurs, des vrais, alors à côté, mes soucis, le type qui m'a mal parlé ou mes contrariétés, ça ne pèse pas lourd !

Le destin a transformé mon existence en conte de fées. Il m'a offert une magnifique opportunité et j'ai saisi ma chance en faisant les bons choix. J'ai réussi à joindre l'utile à l'agréable en travaillant dans des conditions extraordinaires et, surtout, à mener de front ma carrière et ma vie de maman. Beaucoup de mères célibataires qui ont caressé ce rêve savent à quel point il est difficile de concilier leurs obligations professionnelles et leur vie de famille. J'y suis parvenue et c'est ma plus belle réussite. Aujourd'hui encore, les propositions se bousculent et j'ai de nombreux projets d'avenir, alors que demander de plus ? Rien, ou plutôt si ! J'aimerais avoir un autre bébé, donner une petite sœur ou un petit frère à Hugo. Parce que j'ai déjà le bonheur d'avoir un garçon, je crois que j'aimerais bien une petite fille, mais au fond cela n'a pas d'importance, le Bon Dieu fera comme il voudra et je serai la plus comblée des mamans dans les deux cas…

Un jour, une amie m'a dit : « Ta vie, c'est le fabuleux destin d'Amélie Poulain ! » Je lui ai répondu que c'était le destin qui avait été fabuleux avec moi et que ce n'était pas par hasard. Je suis persuadée qu'il existe quelque part un esprit qui me protège et qui me guide, une bonne étoile providentielle. Je ne souhaite qu'une chose, qu'elle continue très longtemps à briller dans le ciel pour veiller sur Hugo et sur ceux que j'aime. Nous avons tous besoin d'un ange gardien…

Remerciements

Merci à mes chers parents, mes frères et mes sœurs pour l'amour qu'ils me donnent et leur soutien inconditionnel.

Merci à Philippe pour le bonheur et l'équilibre qu'il m'apporte.

Et bien sûr, merci Hugo, mon petit homme, l'amour de ma vie, ce livre je l'ai écrit en pensant à toi et pour toi…

Pour m'avoir accompagnée tout au long de l'écriture de ce livre et m'avoir fait confiance, merci à Julien Dupuis, Elsa Lafon, Maïté, toute l'équipe des éditions Michel Lafon, et Isabelle Dumas-Pelletier, une femme incroyable qui, avec beaucoup de bienveillance, a su m'écouter et me comprendre.

Merci à l'agence Khortège et à Darius pour cette magnifique photo.

Je remercie enfin Endemol, Stéphane Joffre, Benjamin Castaldi, Dominique Duforest, 909 Productions et tout particulièrement La Grosse Équipe et Thibault Vales, de m'avoir donné ma chance et encouragée tout au long de mes aventures télévisuelles.

Table des matières

Composition :

PRESS·PROD

CET OUVRAGE
A ÉTÉ ACHEVÉ D'IMPRIMER
SUR ROTO-PAGE
PAR L'IMPRIMERIE FLOCH
À MAYENNE EN MARS 2017

Imprimé en France
Dépôt légal : mars 2017
N° d'impression : 90849
ISBN : 978-2-7499-3198-2
LAF 2354